天皇家の帝王学

小田部雄次

星海社

265

SEIKAISHA
SHINSHO

はじめに

近現代の天皇の学びやたしなみは、どのようなものであったのか。そして、これからの天皇の学びやたしなみは、どのようなものになっていくのだろうか。本書のテーマはこの２つにある。

近現代とは、近代と現代との２つの時代を示す言葉で、それぞれに違う特徴を持つ。ただ、近現代以前の前近代という時代と比べれば、近代と現代は相似るものも多く、一般には前近代と区分する上で、近現代とまとめることも多い。

日本における近代は明治維新によってはじまる。明治維新とは、慶応3年（１８６７年）の大政奉還、王政復古の大号令、翌年の戊辰戦争、明治改元にいたる一連の事件と、それ以後の近代国家創設のためのさまざまな改革によって、天皇を中心とした新しい国家体制が創設されていく過程のことである。

この明治維新によって、延暦13年（７９４年）の平安遷都以来、１０００年もの長きを京都の御所のなかで暮らしていた天皇は、江戸から東京へと改称した近代化されゆく都市に移り住み、御所からも出でて、日本全国を行幸し「人びとの目にふれる天皇」となっていった。そして、武家政権に代わる新しい国家体制と政治制度が整えられ、天皇は国家元首、大元帥、現人神《あらひとがみ》としての立場と役割を担うようになった。

また現代という時代のはじまりは、昭和20年（1945年）の第二次世界大戦終結後の改革による。この改革によって、天皇は従来の国家元首、大元帥、現人神ではなく、国の象徴、国民統合の象徴としての新たな立場と役割を担うこととなった。

近代と現代で異なる立場と役割を担うようになった天皇は、いつ、どこで、誰に、その役割と立場の違いを学び、そのたしなみを身につけていったのだろうか。また、前近代の天皇と比べて、どのような類似点と相違点が見いだせるのだろうか。

歴代天皇の学びとたしなみを考えるとき、しばしば「帝王学」が話題となる。「帝王学」とは一般に社長など上に立つ者に求められる修養のことを意味するが、本来は帝王になる者がそれにふさわしい素質や見識などを身につける修養のことであった。

かつて世界には数多くの王朝があり、それぞれに帝王がおり、その地位が継承されてきた。日本では帝王という地位身分はなかったが、大王《おおきみ》、天皇という存在が帝王的なものとして理解されてきた。つまりは、日本の場合は、大王や天皇がその地位にふさわしい素質や見識などを身につける修養が「帝王学」だったといえる。

しかし、実際の大王や天皇のなかには、必ずしも「帝王学」が備わっていたとは思えない素行が記録されたりもしている。そもそも「帝王学」というものが意識されたのは、大宝元年（701年）に施行された大宝令のころで、東宮（皇太子）に仕える職員に東宮傅《とうぐうふ》が1人置かれ、「道徳を以て東宮を輔《たす》け導くこと」とあることにうかがえる。将来の天皇となる東宮の道徳的教育が明文化されたのである。

また「帝王学」の教科書として知られる『帝範』、『群書治要』、『貞観政要《じょうがんせいよう》』などは、唐の第2代皇帝である太宗の時代以後の編纂によるもので、日本では平安時代以後に流布する。もちろん、それ以前に伝来した仏教や儒教などによる天皇の善政も、広い意味での「帝王学」の成果であろうが、「帝王学」の教科書が宮中の必読書となり、天皇に進講されたりするようになるピークは平安時代以降のようだ。

こうした前近代における「帝王学」は、近代になっても底流として続いていた。西欧思想の流入が激しくなった明治においても、明治天皇は儒学を尊重し、西欧思想へはあまり傾倒しなかった。現代になると、儒学がすたれ欧米思想が広まるが、それでも「帝王学」

といえば儒学思想の範囲にあった。

ただ儒学による「帝王学」に対するものとして、「ノブレス・オブリージュ」がある。フランス語が原義で、「位が高い者は徳が高くあるべし」、つまりは財産、権力、地位の保持には相応の社会的義務と責務が求められるという意味となろう。欧州貴族階級のモラルとして近代日本の上層階層、たとえば皇族、華族の道徳として導入され、意識されてきた概念でもある。また、現在でも皇族はじめ上層階級の品行の基準として語られることが多い。

第二次世界大戦後の現代日本では、天皇は「帝王」ではなく「象徴」というべきで、平成の天皇は「象徴学」という言葉を用いたことがある。その違いは重要だが、「象徴学」も広義の「帝王学」ととらえつつ、これからの新しい時代は、新しい「帝王学」としての「象徴学」が求められるべき時代になっているのだろう。つまりは「象徴」としての「帝王学」がどうつくられているのかが問題となるが、これもまたこれからの社会の変動と、それにともなう天皇の社会的地位と役割の変化によって、さまざまな可能性が考えられよう。

今日、令和の天皇は平成の天皇の「象徴」としてのあり方を踏襲し、国民に寄り添い、国民とともに歩む皇室の道をめざしている。多くの国民はこうした令和の天皇の「象徴」としての姿勢に、信頼と敬意で応じている。他方、次期の天皇とされる皇嗣家の秋篠宮文《ふみ》仁《ひと》親王は、平成の天皇とはまた違った道があることを示唆している。皇嗣家の長男である悠仁《ひさひと》親王の教育においても従来の東宮教育とは異なる新しい道を模索しているようだ。天皇家と皇嗣家という兄弟の「象徴」としての意識のあり方の違いが、今後どのように国民に受容されていくのかは未知数だが、歴代の天皇の学びとたしなみの文脈のなかから、「象徴」としての意識のあり方のあるべき姿の方向性は見えて来るかもしれない。

少なくとも、前近代から近代にかけては国家的事業として時代の最先端の官僚や知識人を総動員して行った東宮教育が、今やそうしたシステムはなくなり、それぞれの宮家の家庭内の自助努力に頼らざるを得なくなっていることは、天皇の学びとたしなみにとって、こころもとない環境になっているのは確かだろう。

このような天皇の学びとたしなみの歴史を以下の本編でたどっていこう。

目次

第2章 幕末最後の天皇・孝明天皇　51

第3章 明治天皇の学びと人脈 83

第4章 健康と道徳が優先された大正天皇　115

第5章 「帝王」と「象徴」の2つの時代を生きた昭和天皇

第6章

「象徴」としてのあるべき姿を求めた平成の天皇 179

第7章

令和の天皇の摸索と皇嗣家の迷走 207

第1章

前近代の天皇の「学び」と「たしなみ」

歴代の天皇の代数

天皇の学びやたしなみのあり方は、それぞれの天皇の個性によっても異なるが、もっとも重要なのは、その天皇の生まれ育った時代環境によって左右されることだ。すなわち、その天皇の生まれ育った時代の内政や国際関係の状況によって、学びやたしなみのあり方が規定されるのである。近現代の天皇の学びやたしなみについて考える前に、まずはその前提となる歴代天皇の学びやたしなみについて、概観しておこう。

歴代の天皇とは、神武天皇を初代とし、令和の今上天皇を126代とするもので、現在の皇統譜の記載に基づく。

周知のように、歴代の天皇とその代数は、『古事記』や『日本書紀』などの神話や故事、伝承に基づく記載からはじまり、その幾代かの天皇の実存についての科学的根拠は未だに不明な部分もある。また、歴代天皇の代数についても、明治3年（1870年）の修正により39代の弘文天皇の即位が承認されたり、廃帝とされていた47代の淳仁天皇と85代の仲恭天皇の2人の天皇の復帰があった。また、明治44年（1911年）に明治天皇の裁可で南北朝正閏論争が決着して、北朝の天皇を別系統とし、神武天皇を初代として、明治天皇を121代とする系図が成立した。さらに大正15年（1926年）に98代長慶天皇の即位が確認され、当時122代であった大正天皇は123代となって、124代の昭和天皇、125代の平成の天皇（現上皇）、そして126代令和の天皇へと続く。

39代の弘文天皇は、天智天皇の皇子であり、大友皇子としても知られる。かつては天智天皇の死に際して、天智天皇の弟の大海人皇子と皇位継承をめぐる壬申の乱で敗北して縊死し、その間に即位はなかったとされ、皇位の空白があったとみられていた。現在でも弘文天皇の即位は、皇位の空白を認めなくなった時代の産物として、その即位に疑問を呈する論もある。

『古事記』や『日本書紀』の時代の、軍事的長や統一国家の統治者としての天皇

米田雄介編『令和新修　歴代天皇・年号事典』は、初代の神武天皇から126代の令和の天皇までの歴代天皇の時代を5つに区分している。「『古事記』『日本書紀』の天皇」、「古代の天皇」、「中世の天皇」、「近世の天皇」、「近現代の天皇」の5区分は、通史的な歴史学上の時代区分に準じたものだが、それぞれ神話、古代、中世、近世、近現代と分類される時代に在位した天皇が、それぞれどのような時代的特徴のなかで、どのような「学び」と「たしなみ」をもっていたのかを把握するのにも有効な区分だ。以下、米田雄介編『令和新

修　歴代天皇・年号事典』のほか、皇室事典編集委員会編著『皇室事典　令和版』などから、歴代天皇の「学び」や「たしなみ」について整理してみよう。

まず『古事記』『日本書紀』の天皇」では、初代の神武天皇から32代の崇峻天皇までがまとめられている。この時代の天皇は神話や伝承に基づく天皇が多い。主に国づくりに奔走し、当時の中国や朝鮮との交流もあり、そうした内政や外交のなかで奔走した天皇（当時は大王）の姿が多く描かれる。

この「『古事記』『日本書紀』の天皇」も「学び」と「たしなみ」の視点から、初代の神武天皇から14代仲哀天皇、15代応神天皇から32代崇峻天皇に大きく二分できるだろう。つまり、初代から14代までは統一国家の形成とその運営に重点がおかれた時代、15代から32代までは大陸との交流のなかで、『論語』、『千字文』、仏教、鷹狩などの渡来文化が入り、その定着が進んだ時代（いわゆる「倭の五王」の時代）」といえよう。

初代から14代までを概観すれば、初代の神武天皇は日向から瀬戸内海を経て、紀伊に迂回し、熊野から中洲《うちつくに》（大和）に入った。この間、吉野などを服従させ、畝傍山の東南橿原に帝宅を造り、辛酉の歳に即位した。そして、この神武天皇の東征に功績のあった諸将を褒賞し、国造《くにのみやつこ》や県主《あがたぬし》に任命したというのがおおよその流れである。つまりは、神武天皇は国家統一を進める軍事的長《おさ》であり、統一国家の統治者として大きな役割を果たしたとされる。

以後、2代目以降の天皇は、都の遷都などに尽力するが、これは統治者としての一面といえる。

10代崇神天皇は、三輪山を中心とする政治勢力とする説や、北方大陸系の騎馬民族の後裔であるとする説などもあり、崇神天皇を事実上の初代天皇とする説もある。とはいえ、崇神天皇もまた国家統一の軍事的長であり、統一国家の統治者としての役割が強調されている。

12代景行天皇の皇子が日本武尊で、再叛する熊襲の討伐や東国征討で知られる。ここでも軍事的長、統治者としての姿が強調される。

14代仲哀天皇の皇后が新羅を征圧し、百済、高句麗も従えたとされる神功皇后である。皇后は帰還して後、九州で応神天皇を産み、異腹の皇子らを滅ぼした。かつては神功皇后を天皇とする説もあり、今日では肯定しがたい説だが神功皇后と卑弥呼とを同一視する説もあった。いずれにせよ、神功皇后もまた軍事的長、統治者として描かれる面が多い。さらには皇位継承をめぐる争いの勝利者としての姿も見える。

「倭の五王」の時代の経典や詩歌、鷹狩

ついで、15代から32代までの時代を概観すれば、15代応神天皇は、実在が確認できる最初の天皇ともいわれる。この応神天皇以後、天皇の学びやたしなみなどの具体的な情報も増える。応神天皇の時代には、百済の学者である王仁《わに》が『論語』や『千字文』をもたらすなど、渡来人により大陸の文物や技術が導入されたとされる。

『論語』は孔子とその高弟の言行を、孔子の死後に弟子が記録した書であり、儒教の経典である経書（中国古代の聖人が述作した書）の一つである。この『論語』の導入が、のちの儒学、帝王学などの思想的基盤となるのである。

また『千字文』は250句1000字の異なる漢字からなる四言古詩で、これが習字の手本となり、書の基本となる。

『論語』『千字文』の伝来の厳密な時期は確定できないが、以後の天皇の学びやたしなみに大きな意味と影響を与えていった重要な伝来であった。

16代仁徳天皇には炊煙の望見の伝説がある。炊飯する竈《かまど》の煙が立ち上らないのを見て、民の困窮を知り、三年間の課役を免じたというものである。民への慈愛を持った統治者として描かれた最初の天皇ともいえる。その真偽の検証もさることながら、民への慈愛、恩

恵という姿が描かれたことに新しさがあろう。あるいは中国の聖賢の故事から連想されたあるべき天皇（大王）の理想像だったのかもしれない。

応神天皇や仁徳天皇の時代は、中国の史書『宋書』に記された「倭の五王」（讃・珍・済《せい》・興・武）に該当する天皇がおり、この「五王」には15代から21代の応神、仁徳、履中、反正、允恭、安康、雄略が想定されており、彼らは宋に使者を派遣し、「安東将軍」、「倭国王」などの称号を得て、朝鮮半島に勃興してきた高句麗に対抗するため、倭国の地位を高め、朝鮮半島支配を宋に承認させようとしたとみられている。

倭国と中国との交流は、3世紀に卑弥呼に「親魏倭王」の印が与えられてから公式には途絶えており、5世紀初頭から1世紀あまり続いた「倭の五王」と宋との交流は、当時の天皇の国際交流として注目できる。1世紀にわたる中国との公式な交流が、「倭の五王」と想定される応神天皇以後の天皇の学びやたしなみに、深い影響を与えたであろう。それが、『論語』、『千字文』の学習、仁徳天皇の仁慈などという、従来とは異なる天皇の姿が出現した一因でもあったろう。

他方、21代雄略天皇は、『万葉集』の巻頭にその歌が載っている天皇でもある。万葉仮名で記され、「こもよ　みこもち　ふくしもよ　みぶくしもち」ではじまるその長歌は、「籠持つ、美しい籠を持つ娘さんよ」と天皇が菜摘の娘に、自分はこの大和の国を統べている者だから、家と名前を教えてくれ、と戯れたものである。

『万葉集』の成立は、雄略天皇の時代よりも後のことであるが、漢字による万葉仮名の成立以前に、五音七音の調べの日本特有の歌が口頭で詠みつがれていたのだろう。そもそも『万葉集』には、仁徳天皇の妃であった磐之媛《いわのひめ》が仁徳天皇を慕って作った和歌も4首あり、この当時、和歌をふくむ詩歌が天皇周辺の学びとたしなみとして定着していたことがうかがい知れる。おそらくは、日本語としての文字の成立以前に、すでに天皇をはじめとする当時の人びとは詩歌を口ずさんでいたのだ。

さて、29代欽明天皇のころ、仏教が伝来したとされる。欽明天皇はこれを喜んだが、大臣の蘇我稲目は崇仏、大連の物部尾輿や中臣鎌子（のちの中臣鎌足とは別人）は排仏を唱えて対立した。この対立は、30代敏達天皇、31代用明天皇の代まで続き、敏達天皇は仏教よりも文史（文学と史学、特に中国の聖賢の書）を愛したと伝えられるが、用明天皇は仏教への帰依を願ったとされる。そして32代崇峻天皇のときに排仏派の物部の衰退で宮廷では仏教信仰が強まった。こうして天皇と仏教の関係は深まり、疫病退散などの信仰とともに、写経の習慣が広まった。

この崇峻天皇は大臣として権力を握った蘇我馬子と対立し、馬子の手先に暗殺されてしまう。そして崇峻天皇の代で『古事記』、『日本書紀』の天皇の時代は終わり、崇峻天皇の異母姉（妹説もあり）である33代推古天皇の即位により、古代の天皇の時代となる。

ところで、『古事記』、『日本書紀』の天皇の時代のたしなみとしての鷹狩について付記したい。鷹狩の起源はすでに紀元前から行われたアジアの遊牧民族の狩猟法といわれ、日本では群馬県太田市のオクマン山古墳から鷹匠埴輪（手に鷹を乗せた男）が出土しており、『日本書紀』には仁徳天皇の代に鷹狩で多くの雉を捕ったという記録がある。鷹は渡来人で百済の王族であった酒君《さけのきみ》が調教したとあり、大陸から伝えられた新たな文化であった。その後、朝廷や公卿の文化として定着し、後には武家の文化となり、さらに明治維新後には明治天皇が「古技保存」として主猟局を置き、宮内省（宮内庁）の鷹匠が御猟場でその伝統を継承している（花見薫『天皇の鷹匠』）。

律令制度による古代の天皇の学びの整備

古代の天皇の時代は、33代推古天皇から81代安徳天皇の時代にあたる。天皇を中心とした統一国家が成立し、大陸文化の影響を受けながら国家統治を続けた時期でもあった。とりわけ隋や唐の律令制度にならった中央集権国家の運営は、変質や形骸化を重ねながらも千年以上続いたのであった。都も平城京（奈良）以後はおおむね平安京（京都）に安定し、世襲の天皇を頂点とした伝統文化が成熟した。

この間、公地公民制の崩壊や、遣唐使廃止による文化の国風化の動きなどが生まれ、さらには武士の台頭などがあった。そしてこの武士の台頭が、次の「中世の時代」の天皇を大きく規定する要因となった。

以下、天皇の学びとたしなみの歴史を意識しながら、33代推古天皇から81代安徳天皇までの時代を概観してみよう。その際、律令国家が形成されていく推古天皇から49代光仁天皇までの平安遷都以前の時代と、律令国家が成熟し変質していく50代桓武天皇の平安遷都以後の天皇の時代に二分して考えてみたい。

まず中央集権国家の成立の時期のはじめにあたる推古天皇は、甥の厩戸皇子（聖徳太子）とともに、冠位十二階や十七条憲法の制定、遣隋使の派遣など、統治機構の整備や大陸文化の導入につとめた。また、仏教への関心が高く、法隆寺建立など仏教建築や仏教美術への造詣を深めていった。そのほか、『天皇記《すめらみことのふみ》』、『国記《くにつふみ》』などの編纂を進め、天皇家の系譜や神話時代からの国の歴史を書き残そうとした。『天皇記』と『国記』は焼失してしまったが、こうした歴史編纂の事業は、のちの『古事記』、『日本書紀』をはじめとする天皇による国史編纂の先駆けともいうべきもので、天皇の統治の正統性を広く伝え、後世に残そうとする意味があった。それは、天皇による国家統治の努力が一段落したことも意味した。とはいえ蘇我馬子ら豪族との主導権争いや、皇位継承をめぐる対立などは根深いものがあった。

しかし、35代皇極天皇は最強の豪族であった蘇我氏を滅ぼして、大化改新をなし、公地公民制や地方行政組織の整備、班田収授法、租庸調の税制の確立など天皇中心の中央集権国家への道を進めた。この背景には隋や唐の律令制度の影響があった。また皇極天皇は土木事業を好み、運河などの大工事も行っている。こうした土木事業への強い関心も天皇の学びやたしなみといえよう。

ちなみに『日本書紀』には、当時皇子であった天智天皇（中大兄皇子）が法興寺で鞠を打ったときに皇子が落とした履《くつ》を、蘇我氏排斥のために親しく近づこうとしていた中臣鎌子（藤原鎌足）が拾ったという逸話がある。蹴鞠は中国では軍事訓練のために行われた遊戯でもあったといわれ、日本には仏教とともに伝来したとされるが正確な時期は不明である。ただ日本での蹴鞠の会は42代文武天皇の代にはあったといわれており、これ以前に蹴鞠が伝来したと考えられている。のち、蹴鞠は宮廷遊戯として平安時代の貴族の間で親しまれ、自邸に鞠場を設けて修練したという。鎌倉時代以後、武家の間でも愛好され、室町時代には一般庶民にまで広まった。明治維新以後に衰退したが、明治天皇の資金提供で保存会が作られ、現在でも春と秋の「京都御所　宮廷文化の紹介」で披露されている（宮内庁ＨＰ）。

なお、天智天皇は中大兄皇子としての時代の活躍も多く、37代斉明天皇とともに百済救援のため白村江に出兵しようとし、斉明天皇急逝ののちに即位なきまま（称制《しょうせい》）、白村江で唐と新羅の連合軍との戦いに臨んだ。白村江の戦いの敗北の後は、国土防衛のための水城や烽火、防人などを設置し、都を近江に移すなど、軍事的長として積極的な役割も果たしていた。

中大兄皇子は称制の時代を経てのち38代天智天皇となる。天智天皇は、日本最初の戸籍である『庚午年籍』を作成し中央集権国家の基礎を築くなど、さまざまな政治改革を進め、統治者としての天皇の役割を果たす。そして、日本初の体系的令法典でのちの律令制度のさきがけともなった「近江令」を制定した。もっとも「近江令」は現存せず、体系的な令としては40代天武天皇の代に編纂された「飛鳥浄御原令」とする説もあるが、天智、天武の時代にこうした中国の律令制度の導入が進められたのは確かだろう。この律令制度こそ、変質し形骸化する部分も持ちながら、奈良、平安時代を通じて成熟し、朝廷世界では武家が台頭した鎌倉から江戸の幕末まで続いた大きな政治的根幹であった。この律令制度が古代から中世、近世にかけての朝廷や貴族（公家）らのライフスタイルを支え、制約したのであった。ある意味、日本の近現代の天皇は、この律令制度の崩壊によってスタートしたともいえる。

他方、天智天皇は中国より伝来した「漏刻（水時計）」を設置して時報を伝えた。これが6月10日の時の記念日の由来となるのだが、天皇が人びとの時を管理するという重要な意味も持った。これも統治者としての天皇の姿だった。また、『日本書紀』や漢詩集の『懐風藻』によれば、天智天皇は近江に亡命貴族を教官とする大学を設置したと伝えられ、これがのちの律令制度で設置される大学寮の由来ともされる。

さらに周知のように、『万葉集』には中大兄皇子時代からふくめて天智天皇の和歌が4首あり、鎌倉時代の藤原定家の撰とされる『小倉百人一首』の巻頭は天智天皇の和歌である。『小倉百人一首』の和歌は、「秋の田のかりほの庵の苫《とま》をあらみわが衣手は露にぬれつつ」。苫は菅や茅で作った筵のようなもので、意訳すれば「秋の田にある農作業のための苫の仮小屋に泊ったら、その網目が粗いので、私の衣の袖が露に濡れてしまった」となろうか。

実は『万葉集』には「詠み人知らず（作者不明）」の歌に「秋田刈る仮廬を作りわがをれば衣手さむく露ぞおきにける」がある。これが天智天皇の歌とされたとされる背景には、天智天皇が理想の指導者として農民の心を思って詠んだという説がある。他方、天智天皇は軍事演習などで実際に苫の仮小屋に泊った体験があり、それに基づいたのではないかという説も考えられる。

いずれにせよ、天智天皇の時代には和歌のたしなみは定着しており、同時代の歌人に額田王《ぬかたのおおきみ》がおり、天智天皇の弟の大海人皇子（天武天皇）との相聞歌は有名である。

さて、天智天皇が亡くなって、天智天皇の第1皇子の大友皇子と、天智天皇の弟の大海人皇子の皇位継承をめぐる争いが壬申の乱である。大友皇子の即位が明治3年に認められ、39代弘文天皇となったことは前述した。この弘文天皇は『懐風藻』によれば、容貌・体軀ともに優れ、頭脳明晰・博学で文武両道であったという。『懐風藻』には、大友皇子の漢詩が2首ある。『懐風藻』は奈良時代に編纂された日本最古の漢詩集で、天智天皇の近江朝以来80年間にわたる64人の作者の作品120編が時代順に配される。その巻頭に大友皇子の「侍宴（宴に侍す）」と「述懐」の2首が載せられている。「述懐」の現代語訳は、江口孝夫全訳注『懐風藻』では、以下のようにある。

天の教えをいただいてこの世の教えとし
天の教えに基づいて正しく国家を運営する
恥ずかしい事だが私は大臣の器ではない
どのように天下に臨んだらよいのだろう

「太政大臣としての自分に、謙虚に心情を述べるとともに、政治への真摯な熱情のあふれた作品である」と江口は評している。

この「述懐」の漢詩が、のちの壬申の乱とどのようにつながる面があるのかは別の課題として、大友皇子の時代には漢詩がすでに朝廷のたしなみとなっていたことがわかる。そして『懐風藻』には、以後の大津皇子、長屋王ら皇子や王のみならず、42代文武天皇の漢詩「詠月」、「述懐」、「詠雪」の3首も収められている。

40代の天武天皇の時代は、天智天皇によって整備されはじめた天皇を頂点とする中央集権国家形成の胎動が確立していった時期といえよう。天武天皇は八色の姓など新しい朝廷の身分秩序を定めるなど統治者としての手腕をふるったばかりでなく、神祇の祭祀権を天皇に集中させ、仏教も崇拝し鎮護国家のためのものと位置づけた。そして、文化的には宮廷における中国風の礼法、衣服、結髪法、乗馬法などをとりいれた。また儀式への参加や行幸の供奉《ぐぶ》（お供）に備えるため、官人《かんじん》の武装や乗馬を義務づけた。

のちの『古事記』や『日本書紀』の編纂につながる『帝紀』や『旧辞』の整理も天武天皇の代にはじめられ、天皇を中心とした歴史認識の形成がなされた。

さらに諸国の歌人や歌女を献上させて五節舞《ごせちのまい》を創始した。五節舞は女性が演じる舞で、大嘗祭や新嘗祭の後の饗宴である豊明節会《とよあかりのせちえ》で歌人に合わせて4、5人の舞姫が舞う雅楽である。こうした歌舞音曲の発達がこの時代にはみられた。

さて、天智天皇の第2皇女であり、天武天皇の妃でもあった41代持統天皇は、『大宝律令』施行など天智天皇と天武天皇の中央集権国家の成立のための事蹟を継承した。「律令」の「律」は刑法、「令」は行政法の役割があったが、東宮（皇太子）の家政（衣食住などの家の運営）などを担う職員体制を規定した全11条の「東宮官員令」（養老令では「東宮職員《しきいん》令《りょう》」）も明記された。将来の天皇となる皇太子の家政などの仕事が制度化されたのである。「東宮官員令」は唐の「東宮王府職員令」を導入したもので、東宮の家政や担当職員、職掌などが示された。このうち皇太子の教導を担当する東宮傅、儒教の経典などを講義する学士は、東宮坊《とうぐうぼう》（春宮坊）の組織内にありながらも、はじめは東宮坊の家政全般を担う職員たちとは独立した存在として、皇太子の教育にあたり、のちに東宮坊とともに東宮職としてまとめられた。この制度は、以後の歴史的展開のなかで若干の変更を伴いながらも、幕末まで継承された。そして明治2年に再度設置されるも、その実態がないまま3年後の明治5年には完全に廃止された。

皇太子に道徳を説くのが東宮傅で、定員1名、官位は従四位上相当で、大臣や大納言が兼任する重職でもあった。律令の官は神祇官と太政官の2官があり、それぞれ位に応じた役職があった。太政官では太政大臣が正一位か従一位、左大臣、右大臣、内大臣が正二位か従二位、大納言が正三位、中納言が従三位であり、太政官春宮坊の東宮傅は正四位上の高官がなったのである。

東宮傅となった高官には、貞明《さだあきら》親王（57代陽成天皇）の東宮傅で翌年に右大臣となる藤原氏宗《うじむね》（正三位）、守仁《もりひと》親王（78代二条天皇）の東宮傅と右大臣を兼任した近衛基実《もとざね》（正二位）など、藤原北家の末裔の錚々たる公卿（三位以上の高官）らがいた。

養老令の「東宮職員令」第1条には、東宮学士について、「経」（周易《しゅうえき》・尚書・周礼・儀礼・礼記《らいき》・毛詩・春秋左氏伝）を講義する学士が2名とある。東宮学士は従五位の高官がなり、儒学者から選ばれた。東宮学士としては、たとえば、惟仁《これひと》親王（56代清和天皇）の大江《おおえの》音人《おとんど》などが知られる。音人は、紀伝道について菅原清公に師事した。また、師貞《もろさだ》親王（65代花山天皇）の菅原輔正《すけまさ》、尊仁《たかひと》親王（71代後三条天皇）と貞仁《さだひと》親王（72代白河天皇）の大江匡《まさ》房《ふさ》（大江音人の子孫）なども知られ、菅原家も大江家も紀伝道を家学とする儒学者の家柄であった。

紀伝道は史記、漢書、後漢書などの歴史や文選《もんぜん》などの文学の学びの道であり、大宝律令にて設置された官吏養成機関である大学寮での四道であった明 法《みょうぼう》道、文章《もんじょう》道、明経《みょうぎょう》道、算道のひとつである。明法道は律令の学び、文章道は漢文学の学びでのちに歴史と統一し紀伝道となった。明経道は儒学の研究と学びであったが、衰微し紀伝道が重んじられるようになった。算道は算術の学びである。のちに朝廷の学びの中心は紀伝道となり、東宮学士が東宮にこれを講義した。東宮学士は天皇の侍読《じどく》（儒学の経典である経書や史書を進講）もつとめたりした。

平安京の天皇たちの学びやたしなみ

時代は少し戻るが、50代桓武天皇の平安遷都、51代平城天皇の平城遷都とゆれ動く時代を征した52代嵯峨天皇は桓武天皇の政治を継承して太平の時代を築いた。律令政治の整備のために『弘仁格』、『弘仁式』を編纂し、『内裏式』で年中行事の次第を定めた。平安京の神泉苑で「花宴の節」を催したと『日本後紀』にあり、これが花見を記録した初出とされる。新興の仏教も支援し、最澄の天台宗、空海の真言宗と密接に関係し、なかでも空海には、高野山金剛峯寺創建を許し、平安京の東寺（教王護国寺）を鎮護国家の寺院として与えた。

嵯峨天皇はすぐれた漢詩人でもあり、文人らに命じて日本最初の勅撰漢詩集『凌雲集』を編ませ、また『経国集』や『文華秀麗集』にも自らの漢詩を数多く載せた。能書家でもあり、空海、橘逸勢とともに三筆の一人とされる。

59代宇多天皇も和歌を好み、しばしば歌会を催し、左右二組に分かれた歌人が同じ題で歌を詠みその優劣を競う歌合せを流行らせた。また、一部であるが宇多天皇の日記である『寛平御記《かんぴょうぎょき》』が残っている。天皇の日記は「御記」あるいは「宸記《しんき》」ともよばれ、奈良時代の天皇も日記を書いていたが現存していない。平安時代の天皇の日記は宇多天皇、60代醍醐天皇の『延喜御記』、62代村上天皇の『天暦御記』が一部残存している。これらの日記から当時の社会情勢もうかがえ、貴重な記録となっている。

さて、宇多天皇は譲位に際し皇太子の敦仁親王（60代醍醐天皇）に日常の心得などを記した訓戒（『寛平御遺誡』）を与え、なかでも菅原道真の重用を説いたりした。もっとも当時、天皇の皇太子への訓戒はすべて厳守されるものとは限らず、道真は重用されず失脚した。

さらに宇多天皇の命により、道真の父の菅原是善の門下生である藤原佐世は『日本国見在書目録』を編纂した。日本最古の漢籍の分類目録であり、貞観17年（875年）の冷泉院の火災で多くの書物を失ったことから現存する書籍の整理がなされたのである。この『日本国見在書目録』のなかに、中国伝来の「帝王学」の書とされる『帝範』、『群書治要』、『貞観政要』などがある。これら「帝王学」の書は、中国の唐の2代目皇帝で、「貞観の治」とよばれる善政を行った太宗（李世民）の言動などがまとめられたものであった。

このうち『帝範』は、太宗がみずから編集し、太子（のち高宗）に帝王となる者の心得を示した教科書であり、「君体」、「求賢」、「去讒《きょざん》」、「崇倹」、「賞罰」など12編からなった。日本でも注釈を加えて、56代清和天皇の皇太子時代の東宮学士であり、のち天皇の侍読となった大江音人が進講したという。

『群書治要』は太宗が諫議《かんぎ》大夫《たいふ》（天子に諫言する高官）の魏徴《ぎちょう》らに命じて、秦以前の時代から唐の初めまでの群書（道徳、歴史、思想の典籍数十部）から帝王の政治に必要な名文を抄出し50巻にまとめたものである。先に記した宇多天皇が次の60代醍醐天皇に書き与えた『寛平御遺誡』には「天子は経・史・百家（多くの典籍）を窮めずと雖も、何ぞ恨む所あらんや、唯『群書治要』のみ早く誦習（暗誦できるほど学習）すべし」とあり、その学びを強く勧めている。

『貞観政要』は太宗が貞観年間に、後世「貞観の治」と称されるほどの善政を行ったので、その太宗と廷臣との問答を崩御後に歴史家の呉競が40編にまとめたもの。中国の歴代君主はもとより、日本でも宮中での必読書とされ、文章博士が進講した例は平安時代中期から数多くある。武家の台頭後は、北条、足利、徳川らにも読まれた。近代では元田永孚〔ながざね・えいふ〕が明治天皇に、三島中洲《ちゅうしゅう》が大正天皇に進講した。現在でも企業経営者など「上に立つ者」の心構えの書として流布しており、「帝王学」の書といえば『貞観政要』と解されている。

日本では後世から理想の天皇統治の時代とされる醍醐天皇の「延喜の治」、村上天皇の「天暦の治」があった。醍醐天皇の代には、荘園増加を抑制し、また新羅の侵攻もなく、都に富が集まったという。紀貫之らが勅撰の『古今和歌集』を編纂し、内裏も花宴などで華やかであった。醍醐天皇自身も笙《しょう》曲（笙は雅楽の管楽器）の名手で、和琴、琵琶、詩文などもたしなんだ。もっとも菅原道真が藤原時平らの讒言で大宰府に左遷されたのもこの代であり、文章博士で死後に学問の神様とあがめられる道真が活躍した時代でもあった。

村上天皇の代には、道真の孫で文章博士の菅原文時を登用し、官人の評価を厳格にし、徴税の徹底、歳出の削減などにつとめた。村上天皇は文学や芸能に造詣が深く、歌合なども開き、『古今和歌集』に次ぐ、2番目の勅撰和歌集である『後撰和歌集』を編纂させたりした。また漢詩にもすぐれ、琴《きん》、笙、琵琶も学んだ。

周知のように奈良時代の45代聖武天皇の遺愛の品などを納めた正倉院には「螺《ら》鈿《でん》紫《し》檀《たん》五絃琵琶」をはじめとする琵琶、琴、笙、笛など多くの楽器がある。これらは遊戯としてのみではなく、儀式などでも用いられたもので、聖武天皇が手元に置いていたものもあり、こうした楽器のたしなみが、すでに奈良時代には伝来していたことがわかる。平安時代になると宮中での詩歌の会の後の宴会で、笛や笙などの管楽器と箏《そう》や琵琶などの弦楽器による管弦が催された。管弦は天皇はじめ公卿や官人ら朝廷の人びとの必須の教養ともなっていた。そして52代嵯峨天皇や54代仁明天皇は自ら雅楽曲を作曲した。こうした管弦の世界は、紫式部の『源氏物語』にも描かれ、当時の宮廷世界の一端を知るよすがとなっている。

65代花山天皇（法皇）は、『大鏡』にて「風流《ふりゅうざ》者」として伝えられ、和歌はもとより、絵画、建築、工芸、造園などの才能も発揮していた。他方、奇行や色好みでも知られ、清涼殿の壺庭（小規模な庭）で馬を乗りまわそうとするなど、乗馬もしていたことがわかる。

73代堀河天皇は、先代の白河上皇との対立を避ける意味もあって、和歌管弦の道に心を寄せ、恋の歌合である「艶書合」を催したりした。笛は「比類なし」と賞された。

75代崇徳天皇は和歌に秀で、歌聖とされる西行との親交もあった。小倉百人一首にある「瀬を早み岩にせかるる滝川のわれても末に逢はむとぞ思ふ」の恋歌は、よく知られている。崇徳天皇は譲位後に上皇となり、77代後白河天皇と対立して、武家の勢力争いも交えた保元の乱で敗北、讃岐国に流されて法華経の写本に専心しながら悶死した。

崇徳天皇から81代安徳天皇までの時代は、天皇家内部の対立と武家の台頭などで争乱の時代となるが、76代近衛天皇は17歳の早世ながら歌人としてすぐれ「虫の音のよわるのみかは過ぐる秋を惜しむ我が身ぞまづ消えぬべき」と詠んだ。77代後白河天皇は台頭する武家にしたたかに対応しながらも、幼少時より好んだ当世風の歌謡である今様を書きとめた『梁塵秘抄』を編纂した。その後、79代六条天皇は生後7ヶ月で即位し、5歳で譲位した史上最年少の天皇であった。80代高倉天皇は8歳で即位し、平清盛の娘の徳子を中宮とした。高倉天皇は幼いころより「仁徳の行を施す」（『源平盛衰記』）と伝えられたが、21歳で亡くなり、第1皇子で、清盛の孫にあたる81代安徳天皇が3歳で即位した。安徳天皇は源平の合戦のさなか、壇ノ浦で三種の神器とともに入水し、8歳で亡くなった。こうして朝廷内の勢力争いと武家の台頭のなか、詩歌管弦のたしなみなどで絶頂期にあった古代の天皇の時代は幕を閉じた。

武家の時代に学芸で存在感を保った中世の天皇

中世の天皇の時代は82代後鳥羽天皇から106代正親町天皇までである。平家を滅ぼして成立した鎌倉幕府によって、朝廷と武家の二重政権の時代に入った。その最初の時期に登場したのが後鳥羽天皇である。後鳥羽天皇は安徳天皇の異母弟で、安徳天皇在位中に後白河法皇の命により践祚しており、安徳天皇入水まで天皇が二人いる時期があった。後鳥羽天皇は鎌倉幕府との緊張関係のなか、西面の武士を置くなど直属軍を強化した。また譲位して83代土御門天皇、84代順徳天皇、85代仲恭天皇の3代23年にわたり院政を行った。

後鳥羽上皇は文武ともにすぐれ、和歌のみならず琵琶、箏、笛のほか、蹴鞠、相撲、水練、射芸などもたしなみ、太刀の製作や鑑定も行った。和歌では『新古今和歌集』の撰を命じたことでも知られる。また自身の歌集『後鳥羽院御集』、『遠島御百首』などのほか、歌論書の『後鳥羽院御口伝』なども残した。日記『後鳥羽院宸記』、仏書『無常講式』、有職故実書『世俗浅深秘抄』などの著書も多い。

有職故実書は、宮廷における儀式や行事の来歴や作法などを書き留め、解説などを付したものであり、儀式や行事の主体であった天皇自身が書き留めておいたこともあった。平安時代には村上天皇の『清涼記』が年中行事と臨時儀式についてまとめていた。中世になって後鳥羽天皇が『世俗浅深秘抄』に朝儀などの作法を書き綴っている。その後も順徳天皇の『禁秘御抄』、96代後醍醐天皇の『建武年中行事』、近世の天皇である108代後水尾天皇の『当時年中行事』などが知られ、これらは天皇自身が書き残した宮中の儀式と作法の書であり、皇太子はじめ次代の天皇たちの天皇としてのふるまいの参考となったものでもあった。

ちなみに後鳥羽天皇は歌人の藤原定家との交流も深く、定家撰とされる『小倉百人一首』99番には、「人もをし人も恨めしあぢきなく世を思ふゆえに物思ふ身は」の後鳥羽院の歌があり、これは承久の乱の失敗で隠岐に流された後鳥羽院への定家の思慕の深さであったともいわれる。いうまでもなく、100番の歌は同じく承久の乱の敗北で佐渡に流された順徳天皇の「ももしきや古き軒端のしのぶにもなほあまりある昔なりけり」である。

後鳥羽院の院政下にあって、順徳天皇は政務に関わらず、歌論、詩歌、管弦などにいそしんだ。なかでも有職故実書である『禁秘御抄』を著わし、宮廷の行事、儀式、政務などの実際をまとめた。その背景には、鎌倉幕府に対抗して朝廷の威信を振興する意味があったという。『禁秘御抄』には、神事を優先し、日々敬神を怠らず、とりわけ天照大御神を祀る伊勢の神宮と、賢所の方向には足を向けてはいけないなどの心構えが述べられる。そして「諸芸能事」として、第一は学問であり、第二は管弦とした。さらに和歌もたしなみとして必要であることを述べた。第一の学問は「それ学ばざれば、即ち古道に明らかならず」とし、『貞観政要』、『寛平遺誡』、『群書治要』などが必読書とされた。この『禁秘御抄』は、以後の天皇の帝王学の書とされ、その書写や進講などがなされた。

武家の台頭の時代にあって以後の天皇の政治的軍事的主導権は衰退するが、学問や和歌の世界での存在感は大きかった。90代亀山天皇は儒学を好み、院の評定所を聖堂として講書を行い、和歌の撰集を命じ（『続拾遺和歌集』）、漢詩や管弦もたしなむなど、「文学紹隆」の時代と讃えられた。また禅宗にも帰依し、亀山上皇の離宮を禅林禅寺として開山し、これが臨済宗南禅寺派大本山の南禅寺となった。

91代後宇多天皇は出家後に大覚寺に住み、密教を研究した。『新後撰和歌集』の撰を命じたり、日記『後宇多天皇宸記』を残したりした。宸翰《しんかん》（天皇の直筆）も多く残し、国立歴史民俗博物館所蔵の『後宇多院宸記』、大覚寺所蔵の『後宇多天皇宸翰弘法大師伝』などは、現在国宝に指定されている。

92代伏見天皇は能書家で、書道の伏見院流の祖であり、日本書道史上の最高峰とも評される。様々な書風を使いこなし、「書聖」とも称される。和歌では『伏見院御集』があり、『玉葉和歌集』の撰も企画した。日記『伏見天皇宸記』も残る。

93代後伏見天皇は装束について記した『後伏見院御抄』（散逸）が知られ、和歌や日記も残る。

95代花園天皇は幼少時より勉学家で、譲位後も『六国史』を読み、律令法の講義を聴き、『帝範』、『論語』、『尚書（書経）』などの研究会を催したという。さらに96代後醍醐天皇の皇太子に立てられていた後伏見天皇の皇子の量仁《かずひと》親王（のち北朝1代の光厳天皇）に『誡太子書《かいたいしのしょ》』（太子を誡《いまし》むるの書）を書き与え、儒学の修得を力説した。花園天皇は「もし主（君主）賢聖に非ざれば、則ち唯、乱数年の後に起らんことを恐る」と警告したのである。

そして同書には、「皇太子は宮中で優しく育てられたから人民の大変さを知らない。きれいな着物を着ても、その着物を作る苦労を知らない。おいしいご馳走に飽いても、農民の耕作の困難さを知らない。いまだ国への功績が少しもない。人民に対する貢献もない。にもかかわらず、先祖のおかげで将来、天皇の地位に上ろうとしている。すぐれた人格的価値も身につけないで、人々の上に君臨することは、自分で恥ずかしく思わないのか」（高森明勅氏の要約）と厳しい言葉が綴られている。

この『誡太子書』は令和の天皇が皇孫時代に「花園天皇という天皇がおられるんですけれども……誡太子書と呼ばれているんですが、この中で花園天皇は、まず徳を積むことの必要性、その徳を積むためには学問をしなければならないということを説いておられるわけです。その言葉にも非常に深い感銘を覚えます」（昭和57年3月15日）と語ったことでも知られる。その後、皇太子時代の平成22年2月19日の50歳の誕生日の記者会見でも再び触れている。

96代後醍醐天皇は、鎌倉幕府を滅亡させ「建武の新政」を行い、その後に足利尊氏と対立し吉野に南朝を置いた天皇であり、その武断的性格が知られるが、他方、『建武年中行事』を著わして宮廷の年中行事をはじめて仮名まじりで簡潔に説明した。さらに宮中の一日の行事や儀式に関する知識を記した『建武日中行事』は以後の天皇に参照された。和歌も『李花集』や『新葉和歌集』などに残る。

また伏見天皇とともに宸翰様《よう》と呼ばれる書でも知られ、後醍醐院流と称された。宸翰様は、鎌倉時代以降、室町時代までの宸翰の書を指し、花園天皇の花園流のほか、のちの100代後小松天皇の後小松流、北朝5代の後円融天皇から103代後土御門天皇までの勅筆流、104代後柏原天皇の後柏原院流などがあった。

97代後村上天皇は南北朝の戦乱のためしばしば戦闘にも関わったが、和漢の学を好み、和歌のほか琵琶、筝にも造詣が深かった。

98代長慶天皇は和歌のほか、『源氏物語』の注釈書である『仙源抄』をまとめたとされる。

102代後花園天皇は和歌、連歌のほか、後花園天皇は父の伏見宮貞成《さだふさ》親王（北朝3代崇光天皇の孫）が著した『椿葉記』にある君徳の涵養を学び、将軍足利義政の奢侈を戒める詩を詠んだ。

書の後柏原院流でふれた104代後柏原天皇は、詩歌管弦の道にも長じた。また朝廷の経済が逼迫し、即位礼も践祚後22年目でなされるほどであったが、疱瘡（天然痘）流行の際には宸筆の『般若心経』を延暦寺と仁和寺に納め、万人の安寧を祈ったという。

105代後奈良天皇も践祚後10年にして大内、北条、今川、朝倉らの献金でようやく即位できた状態であったが、漢籍や古典を学び、文筆にも長じた。そして疾疫流行の終息を願い、宸筆の『般若心経』を諸国の由緒ある神社に奉納した。なお令和の天皇は皇太子時代の平成29年の誕生日前の記者会見で、後奈良天皇が疫病に苦しんだ民を思いやり『般若心経』を写経して奉納したことを「国民に寄り添う模範」として感銘したと語っている。

106代正親町天皇も戦国時代末期にあたり窮乏しており、毛利元就らの献金でようやく即位礼がなされたほどであったが、京都大覚寺には宸筆の『般若心経』が残り、これは万民のため攘災与楽を願ってのものであったという。和歌や日記も残されており、仁徳ある天皇として伝えられた。そして、信長や秀吉の武力統一によって戦国時代が終わり、朝廷の経済も安定しはじめるが、成長した武家勢力との緊張関係のなか、軍事的長や政治統治者ではなく、伝統的権威として、近世の天皇の時代に入る。

江戸幕府との緊張関係の中で旧儀の復興につとめた近世の天皇

107代後陽成天皇の在位は豊臣秀吉の全国平定から徳川家康の政権確立の時期であった。長年の戦乱による朝廷と公家社会の経済的困窮から一定の安定の時代に入った時期でもあった。公事儀式の復興に尽力する後陽成天皇は、『伊勢物語』や『源氏物語』などの古典を側近らに講じ、和歌、書道、絵画もたしなんだ。木製活字で『日本書紀神代巻』をはじめ和漢の古典の印刷刊行もした。

108代後水尾天皇の代に「禁中並公家諸法度」が定められ、武家による朝廷抑制の方針が定められた。その第1条に「天子は学問を第一と心得べきこと」とあり、天皇の政治や軍事への関与などは否定されたものの、学問を好んだ歴代天皇の姿勢の流れは継承された。後水尾天皇は紫衣《しえ》事件（天皇が高僧に紫の衣を下賜する権限を無効にした事件）など幕府の朝廷への干渉に憤慨して譲位するも、武家専横時代における心構えを説いた「御教訓書」を残している。和歌、連歌、漢詩、書道、茶道、華道、香道、絵画などに長け、みずから『源氏物語』などを側近に講じ、また宮中に学問講と称する学芸稽古の日をもうけて、側近らの講習を奨励した。『当時年中行事』など仮名まじりで年中行事を列挙し、宮中の心得など説いた著書も残した。

109代明正天皇は女帝であり、手芸や押絵などの作品が残る。

110代後光明天皇は儒学を尊重し、儒学の古典である経書（『四書』、『五経』など）に通じた明経を家業とした侍講の伏原賢忠《ふせはらかたただ》から『周易』の伝授を受けたという。民間の朱子学者を集めて進講を聴いたりもした。また藤原氏が勧学院を設立したため、藤原摂関家の興隆にともなって衰退した大学寮の復興などもめざしたという。

111代後西天皇は文芸の道に秀で、和歌、連歌、書道、古筆鑑定、茶道、華道、香道などを能くした。古典の造詣も深かった。112代霊元天皇は有職故実に詳しく、歌道の造詣も深かった。113代東山天皇の代には朝幕関係の融和が進み、長く中絶していた立太子の礼や大嘗会などが再興された。114代中御門天皇は和歌、笛をたしなんだ。115代桜町天皇も歌道のたしなみが深かった。

116代桃園天皇は漢字の造詣が深く、蹴鞠の作法も優美であったという。女帝であった。

117代後桜町天皇は漢学や歌道に通じた。118代後桃園天皇の代は杉田玄白らが『解体新書』を著わし、平賀源内がエレキテルを完成させた時代であったが、天皇自身は生来病弱で13歳で即位し22歳で亡くなった。

119代光格天皇は博学で知られ、作詩や音楽のたしなみも深かった。旧儀の復興に意をつくし石清水社や賀茂社の臨時祭を再興させた。120代仁孝天皇は学問を好み、『日本書紀』など六国史の読会を行い、公家の子弟のための「学習所」を創設した。「学習所」は121代孝明天皇の代に「学習院」と呼ばれ、やがて尊王攘夷運動の温床となり、明治初年に「漢学所」へ移行する。一方、明治になって新たな身分を得た華族たちが子弟教育のために設立した学校を「学習院」と名づけ、これが今日の学習院につながっていく。

第2章

幕末最後の天皇・孝明天皇

前近代最後の天皇・孝明天皇

121代孝明天皇は幕末最後の天皇であった。そして、近世最後の天皇であり、前近代最後の天皇、すなわち武家政権であった江戸時代の最後の天皇でもあった。制度的な面でいえば、江戸時代の「禁中並公家諸法度」の条文に縛られ、かつ神話や国造りの時代とその後の律令制度のシステムに縛られた最後の天皇でもあった。

いうなれば、孝明天皇は日本が近代国家になる直前の天皇であり、孝明天皇の学びとたしなみからは、前近代の天皇の学びとたしなみの伝統とその崩壊が見られるのである。

孝明天皇の称号（幼名）は熙宮《ひろのみや》、親王宣下により統仁《おさひと》親王と名乗った。孝明天皇という名は、亡くなって後の諡《おくりな》によるものであり、生前に孝明天皇と称されたことはないが、表記の便宜上、孝明天皇と記す。

本章では、孝明天皇はどのような天皇をめざし、どのような学識を身につけ、次の皇位継承者になにを伝えようとしたのか。また、天皇の周辺にはどのような人たちがおり、その人たちは天皇とどのような関係にあり、そうした人脈のなかでどのような歴史的展開があったのか。以前の歴代天皇や、以後の近現代の天皇との違いを意識しながら整理してみたい。

孝明天皇は幕末の動乱期である天保2年6月14日（グレゴリウス暦1831年7月22日、明治5年までは日本の陰暦とグレゴリウス暦を適宜併記した）生まれで、天保6年9月18日（1835年11月8日）に数え5歳（年齢は一般に戦前は数え、戦後は満で表記するが、満年齢は誕生日の前後で変わるなど年齢表記は複雑になるので、適宜「数え」「満」を付し段落内の年齢を統一しておく）で親王宣下、天保11年3月14日（1840年4月16日）に10歳で立太子の儀が行われ皇太子となり、父の仁孝天皇の崩御のあとを継いで弘化3年2月13日（1846年3月1日）に16歳で践祚した。その後、嘉永6年（1853年）のペリー来航以後の開国攘夷の争乱の時代を生き、亡くなったのは慶応2年12月25日（1867年1月30日）、37歳であった。

孝明天皇は「神州日本」を信じ、佐幕攘夷を貫いた天皇として知られる。幕府による攘夷を強く願ったのである。そのため尊王攘夷派と開国佐幕派という2派とは「ねじれ」の位置にあり、朝廷に仕える公家たちも政治的に微妙な位置に立たされたりした。

孝明天皇の突然の死によって、天皇中心の開国政策が可能になるわけだが、それは尊王攘夷でもなく、開国佐幕でもない、尊王開国という幕末動乱の「ねじれ」のような結果でもあった。もし佐幕攘夷派の孝明天皇が存命していれば明治維新の時期はもっと遅れたかもしれないという説もあり、孝明天皇毒殺説がまことしやかに聞こえてくる理由でもある。

天皇の活動を規制した「禁中並公家諸法度」

ところで、江戸時代の天皇の活動を規制したものとして知られるのは「禁中並公家諸法度」（はじめは「公家諸法度」）である。徳川家康が元和元年7月17日（1615年9月9日）に発したもので、その第1条に「天子諸芸能の事、第一御学問也」とある。

この「禁中並公家諸法度」により、かつて政治の中枢にあった天皇や公家は、権力の座についた武家に法的に支配され続けることになった。しかし300年ほど続いた江戸時代において、幾度となく天皇家と幕府との間に政治的な緊張が走ったこともあった。

なかでも宝暦8年（1758年）の宝暦事件や明和3年（1766年）の明和事件では、神道家や儒学者が尊王論を説き、幕政批判とされ処罰された。宝暦事件では、神道家の竹内《たけのうち》式部《しきぶ》が京都洛中外で天皇の近習（側近）である徳大寺公城《きんむら》ら公家に武術の稽古をした容疑で取り調べを受けた。これは事実無根となったが、その後、式部に傾倒する公家らが、数え18歳の116代桃園天皇に『日本書紀』神代巻を進講し、幕府との関係の悪化を懸念した関白の近衛内前《うちさき》や前関白の一条道香《みちよし》らは、天皇への進講を中止させ、関与した公家らを処罰し、京都所司代に告げて式部を京都から追放させた。

その8年後、明和3年（1766年）には、江戸で尊王思想家の山県大弐《だいに》らが古代の天皇政治を賞賛し、謀反の疑いで訴えられ、不敬罪となり死罪となった。山県は江戸にて儒学のみならず兵学も教え、尊王思想を広めていたのである。この時に先の宝暦事件の竹内式部も八丈島遠島となり、その途次に病没した。

幕府は天皇や公家が、武家台頭前の時代の権力をとりもどすことを警戒したのである。「禁中並公家諸法度」の第1条「天子諸芸能の事、第一御学問也」は、天皇は政治や軍事に関与せず、学問を中心とした芸能にいそしんで生活せよとの意味であり、その逸脱を怖れたともいえる。

とはいえ、武家はその圧倒的な軍事力で政権を握ったが、天皇とその支配下にある公家社会の解体まではなしえなかった。幕府への反抗心を抑えることで、公家社会との共存を図るしかなかったのである。

他方、天皇家にとって学問は伝統的なたしなみでもあり、むしろ儒学の学びのなかで、天皇家の政治的衰退を嘆く心性は強く働いたろう。このことが幕末になって天皇の朝儀復興などの動きになって現われたわけである。

孝明天皇もまた天皇権威の衰退を歎き、その復興を望んでいた。ただ、幕府にとってかわり、政治や軍事の支配権までは得ようとはしなかったようにみえる。そのスタンスはある意味、明治憲法下の天皇のあり方、すなわち専制絶対君主ではなく立憲君主であり、政治や軍事における決定は輔弼の進言で行い輔弼が全責任を負うという姿勢にも似ていた。また昭和の戦後の新憲法下の象徴天皇、つまり日本国の象徴で、国民統合の象徴であり、国政に関する権限を持たないという姿にも似ていた。

平安時代から長く続いた公家社会

ところで「禁中並公家諸法度」の「禁中」とは厳密には天皇の居住空間である内裏のことであるが、天皇を中心として内裏に生活する人びとの意味も込められている。天皇と内裏で暮らす人びとと公家のための法令というわけである。天皇や内裏の歴史は古く、律令制度確立以前にさかのぼることができる。

また、公家という呼称は平安時代末期以後のものとされるが、公卿になれる家柄のことである。公卿とは律令制度による太政官の最上層として国政に携わる人びとで、つまり公卿の「公」は太政大臣、左大臣、右大臣、「卿」は大納言、中納言、参議ら高官のことであり、これらを総称して公卿と呼んだ。公卿と公家を同義とすることもあるが、広義には公家は朝廷の官吏の意味であり、公卿より下層の官吏もふくまれる場合もあるし、さらには、武家の台頭によってその対語としての公家という概念ともなっていく。その意味で、公卿は公家の前身ともいえる。この公卿の歴史も古く、おおまかに把握すれば、藤原鎌足以降の藤原氏の末裔を中心とした貴族社会の歩みが、公卿および公卿より下層の官吏たちの歴史であったともいえよう。

その公卿、そして武家の対立概念である公家の歴史が天皇を支える一大社会集団として江戸時代まで連綿と続いたのである。しかも、江戸時代には江戸を中心とした武家、京都の公家という2つの文化圏、2つの社会集団が存在し、京都の天皇は公家を統合しつつ、公家の文化的影響を強く受けていた。

公家の家格と家業

武家の対立概念である公家とは京都御所の清涼殿に昇れる三位以上の堂上たちのことであり、堂上公家ともいう。公家の家臣や京都御所につとめる下級官人たちは地下《じげ》、あるいは地下官人と呼ばれ、清涼殿に昇ることはできなかった。

しかも公家内部には摂家、清華家《せいが》、大臣家、羽林家《うりん》、名家《めいか》、半家《はんけ》の6つの家格があり、それらの家格には官職と連動する厳然たる格差があった。

摂家は摂政、関白に任命される最上層の家柄で、一条、九条、近衛、鷹司《たかつかさ》、二条の5家があった。

清華家は近衛大将を経て太政大臣まで昇格できる家柄で、大炊御門《おおいみかど》、花山院、菊亭（今出川）、久我《こが》、西園寺、三条、醍醐、徳大寺、広幡の9家があった。

大臣家は内大臣から太政大臣に昇格できるが近衛大将を兼ねることのできない家柄で、嵯峨（正親町《おおぎまち》三条）、三条西、中院の3家があった。

羽林家は大納言、中納言、参議に昇格でき、近衛中将・少将を兼ねた家柄で、飛鳥井、姉小路、入江、岩倉、正親町、園、千種、中山、武者小路、冷泉など64家あった。羽林とは近衛府の唐名であり、宮中の警護や行幸の供奉などにあたった武官の家であった。

名家は文筆を主とする文官の家で、大納言まで昇格できた。烏丸《からすまる》、甘露寺《かんろじ》、竹屋、中御門、葉室、日野、日野西、広橋、坊城、万里小路《までのこうじ》、柳原《やなぎわら》など28家あった。

半家は堂上公家の最下位に位置するが、特殊技能をもって朝廷に使えた家で、家業が有職故実・装束の高倉、和歌・俳諧の富小路、弓箭・笙・和歌の竹内、神楽の五辻、紀伝道の菅原、五条、唐橋《からはし》、東坊城、儒学の清岡、桑原《くわはら》（桒原）、明経道の舟橋、伏原、天文・暦道・陰陽道の土御門（安倍晴明の末裔）、倉橋、医道の錦小路、文学の北小路など28家あった。前述したように紀伝道とは、漢籍の歴史や文学などを学び作文を習うものであり、文章博士のもと文章生が専攻した学問である。また明経道とは、儒教の古典である経書に精通する道である。これら有職故実、和歌、管弦、紀伝道、明経道などを伝承する家が代々続き、かつ代々の天皇や東宮（皇太子）の学びの師となってきたのである。

孝明天皇の立太子節会と春宮坊の側近たち

摂家・清華家・大臣家・羽林家・名家・半家のこれらの公家たちが、それぞれの身分に応じて宮中の職務に携わった。近世にはすでに公地公民制など律令制度の根幹は解体していたが、太政官制など制度的には残存していた部分も多かった。そして東宮（春宮・皇太子）教育も太政官制の枠組のなかにあり、公家たちの重要な任務となっていた。近世最後の孝明天皇もまた長い伝統を持つ公家たちの薫陶を受けながら成長したのである。

『孝明天皇紀』によれば天保11年3月14日（1840年4月16日）に立太子節会、すなわち熙宮統仁親王（孝明天皇）が皇太子になった祝いの行事が行われた。数え10歳のこの日、父の仁孝天皇を継ぐ皇太子になったことが公にされたのである。

さらに『孝明天皇紀』には立太子後の春宮坊職員を任ずる坊官除目《ぼうかんじもく》（坊官は東宮坊の職員、除目は任命儀式などの意）の記述があり、東宮傅《ふ》以下の春宮坊職員の名があげられている。東宮傅などについては、41代持統天皇の律令の説明のなかでふれたが、孝明天皇のときも当時の律令の規定が原則踏襲された。孝明天皇のときには、教導担当の東宮傅が近衛忠熙《ただひろ》、儒教の経典などを講義する学士《ふみはかせ》が唐橋在久《ありひさ》と桑原為政《ためおさ》で、東宮の家政を司る人々としては春宮坊大夫が鷹司輔熙《すけひろ》、同権《ごん》大夫が久我建通《たけみち》、同亮《すけ》が烏丸光政《みつまさ》、同権亮が正親町実徳《さねあつ》、大《だい》進《しん》が甘露寺愛長《なるなが》などと記されている。そして東宮傅は正四位上、学士は従五位下、春宮坊大夫は従四位下、亮が従五位下、大進が従六位上など、それぞれ官位相当の家柄の公家たちが任じられた。なお、東宮坊は大夫、亮、大進、少進《しょうしん》（従六位下）の序列で、権は正官に対する権官《ごんかん》で「仮の正官」の意味であったが、次第に恒常化して次席的な存在となった。

これらの春宮坊職員が、養老律令の東宮職員令（大宝律令では「東宮官員令」）に基づくことは前章でもふれた。孝明天皇の代も東宮傅1名と学士2名、春宮坊には大夫1名以下のほか宮人《くうにん》（女官）らもおり、組織の全体像や配置人数に微妙な違いはあるが、実に100年前に制定された条文のままのシステムであった。

東宮傅・近衛忠熙

この東宮傅や春宮坊の職員たちは、どのような人たちだったのだろうか。その祖先は誰で、その子孫はどのような活躍をするのだろうか。以下、そのあらましをまとめてみよう。

孝明天皇の東宮傅の近衛忠熙は内大臣でもあった。当時の内大臣は律令制の太政官に置かれた令外の官（律令に規定のない定員外の官職）で、左大臣・右大臣に次ぐ要職であり、左大臣・右大臣の両名が欠員の場合などに代理として政務や儀式を担う、朝廷内の中心的存在であった。

そもそも近衛忠熙は、藤原鎌足の子孫である藤原北家嫡流で、五摂家の筆頭という最上層階層の公家でもあった。五摂家とは、摂家、清華家、大臣家、羽林家、名家、半家と序列化された公家の身分の最上層にあった摂家の5つの家のことである。近衛、九条、一条、鷹司の5家があり、みな摂政・関白に任ぜられる家柄であった。その五摂家のなかでも最上位にあったのが近衛家だった。これら五摂家は明治維新後の華族制度では最高位の公爵となるが、明治維新後の新たな政治体制のなかでは、五摂家が政治的中枢の職責を世襲する慣行はなくなった。

近衛家は、武家政権時代には朝廷や公家の力は抑圧されていたが、幕末になって朝廷や公家の意向が外交や内政に重要な役割を果たすようになり、近衛家当主としての忠熙も大きな政治権力を持った。加えて忠熙の妻の興子は薩摩藩主の島津斉興の養女であり、幕末の近衛家は薩摩藩と政治的に緊密な関係にあった。また島津本家の養女となった篤姫《あつひめ》（天璋院《てんしょういん》）を近衛家の養女として徳川13代将軍の家定に嫁がせたことでも知られる。

忠熙は左大臣のとき、朝廷に無断で幕府が欧米列強と条約を結んだ条約勅許問題をめぐって幕府寄りだった関白の九条尚忠と対立したり、13代将軍・徳川家定の跡継ぎをめぐる将軍継嗣問題で一橋派に属したりするなど政治的立場を鮮明にしたため、大老井伊直弼の安政の大獄により失脚した。復権後は幕府と朝廷との融和をはかった公武合体運動に奔走したが、幕府崩壊とともに再び失脚するなど、波乱の生涯を送った。

他方、歴代の天皇家の側近であったことがそうした家風を育てたのだろう、近衛家には書画、詩歌、茶道などで優れた代々の当主がいた。天皇家と近衛家の人脈は近代になっても継承され、近衛家は明治になって公爵家となり、忠熙の孫の近衛篤麿は貴族院議長となった。さらに篤麿の子の文麿も貴族院議長から総理大臣となり、第二次世界大戦中は昭和天皇の側近として重要な役割を果たした。昭和天皇と近衛文麿は、互いの祖先の主従関係や交流について知悉しており、孝明天皇と近衛忠熙との関係も心の底流で意識されていたろう。もっとも近衛文麿の総理大臣就任は、かつての五摂家の筆頭という家柄への信頼と期待があったためであり、制度として五摂家が総理大臣になるシステムがあったわけではない。

学士の唐橋在久と桑原為政

学士には少納言唐橋在久と伊予権介桑原為政とがなった。学士は定員が2名で、「経」（周易・尚書・周礼・儀礼・礼記・毛詩・春秋左氏伝）を講義することとされた。

この学士のひとりの唐橋在久は、菅原道真の末裔にあたり、歴史や文学を学ぶ紀伝道を家業とした菅原家分家の唐橋家の当主であり、文章博士であった。先にも述べたが、文章博士は大学寮（官吏養成のための最高教育機関）での教授や試験のほか、天皇や摂政および公家の侍読などをつとめ、その依頼で漢詩を詠んだりするなど、天皇とその周辺の公家らの教育担当者的役割を担った。

唐橋家の家格は半家。堂上家の最下位の位置にあったが、紀伝道、儒学、神祇道、陰陽道、医道など独自の家業を持ち朝廷に仕えていた。これら半家は明治維新以後の華族制度で子爵となった（澤家だけ維新の功績で子爵から伯爵になる）。唐橋家は、室町時代の唐橋在《あり》豊《とよ》以降、文章博士・大学頭などを経て、権大納言となった家柄でもあった。江戸時代中期の唐橋在家《ありいえ》は有職故実の研究につとめ、元服や笏、老人の装束故実、狩衣などについての著書がある。在家の曾孫が在久である。明治維新後も在久の孫の在正《ありさだ》は貴族院議員、曾孫の在知《ありとも》は掌典《しょうてん》（宮内省式部職の職員で祭典をつかさどった）、玄孫の在威《ありたけ》は新宮神社宮司などをつとめ、代々皇室を支えた。

もうひとりの桑原（桒原）為政も菅原家の末裔で、江戸時代前期の権大納言五条為庸《ごじょうためのぶ》の四男である桒原長義を祖とした。代々、儒学を家業とし、為政は父の順長と同じく文章博士であった。為政の子の輔長は殿掌《でんしょう》（御所の事務）となり、維新後は子爵となった。しかし、経済力がなく、家運が傾き、大正8年（1919年）に爵位を返上して、その後は民間の会社社長などとなった。

春宮坊大夫・鷹司輔熙

東宮傅や学士が東宮の教育を担当したのに対し、春宮坊は東宮の家政を担当した。維新後の明治22年（1889年）に宮内省に東宮職が設置されるが、これはかつて東宮の家政を担当した春宮坊に代わるものである。戦後、宮内庁となってからは内部部局の一つとして、皇太子と皇太子妃、またその未婚の子女（親王・内親王）の家政を担った。そして平成31年（2019年）4月30日以後は、皇太子（東宮）ではなく皇嗣となったため、東宮職は置かれず、皇嗣職が設置されている。

孝明天皇の春宮坊大夫の鷹司輔熙は、五摂家の鷹司家の当主であり、父の鷹司政通は関白であった。そして輔熙も内大臣、右大臣などを経て、のちに孝明天皇の関白となった。すなわち輔熙は日米修好通商条約締結の勅許をめぐり、勅許不同意、将軍継嗣問題での一橋派支持の立場をとったため、安政の大獄で失脚。その後、国事御用掛として朝廷に復帰し、近衛忠煕の後任の関白となったのである。その後の政治状況に翻弄されて、輔熙は謹慎処分となるも、明治天皇践祚で赦免され、のちに神祇官知事、議定（行政官庁を監督）、麝香間祇候（名誉職、麝香間は京都御所の一室の名）などとなった。

鷹司家は維新後に公爵となり、輔熙を継いだ熙通《ひろみち》（養嗣子、九条尚忠《ひさただ》の子、姉は孝明天皇女御の夙子《あさこ》、兄は大正天皇皇后である貞明皇后の実父の九条道孝《みちたか》）が大正天皇の皇太子時代の東宮武官をつとめ、大正天皇即位後に侍従長となった。熙通の孫の鷹司平通《としみち》が昭和天皇三女の孝宮和子内親王の夫となる。皇室と鷹司家との関係は維新後も長く続いたのである。

春宮坊権大夫・久我建通

春宮坊権大夫の久我建通は五摂家の一条家の末裔で、江戸時代後期の公家で関白であった一条忠良の子。内大臣の久我通明《みちあき》の養子となって久我家を継いだ。久我家は摂家につぐ清華家であり、代々、内大臣、右大臣、太政大臣などの要職に就いた。明治維新後は侯爵となる。春宮坊権大夫をつとめた建通はペリー来航前年の嘉永5年（1852年）に大納言となり、幕末の朝幕間の調停役として条約勅許問題、和宮降嫁問題などに尽力し、孝明天皇の側近として内裏の運営にあたった。後、失脚するも、維新後復帰して、麝香間伺候、加茂社司、皇典講究所（神職養成機関）副総裁などになる。

建通の長男の通久《みちつね》は維新後に東京府知事、宗秩寮《そうちつりょう》（宮内省内部部局で皇族や華族に関する事務を担う）総裁などを歴任した。通久の孫の通顕《みちあき》の長女が華族出身女優として話題を集めた久我美子《よしこ》である。

春宮坊亮・烏丸光政

春宮坊亮の烏丸光政は、公家の名家で、歌道を家業とした。祖は藤原北家の後裔の日野家で、光政（烏丸家分家の勘解由小路家からの養子）の曽祖父にあたる光胤《みつたね》は、116代桃園天皇の近臣として天皇の和歌や書道の師であった。しかし竹内式部に神道などを学び、その影響から宝暦事件に連座した。その後、光胤の孫の資董《すけただ》と資董の養子の光政が権大納言となった。

そして明治維新期に光政の子の光徳《みつえ》が王政復古で新設された参与の一人となり、戊辰戦争では東征大総督有栖川宮熾仁親王とともに江戸に入り、江戸府知事となった。初代の東京府知事となるも、職務に難儀して京都に戻り、宮内大輔、のち皇后宮大夫をつとめた。華族制度発足により伯爵となる。光徳の孫の光大《みつとも》は掌典、花子は権掌侍《ごんしょうじ》（高等女官で、典侍に次ぐ掌侍の権官）となり近代の宮中を支えた。

春宮坊権亮・正親町実徳

春宮坊権亮の正親町実徳は公家の羽林家で、代々楽道を司った。羽林とは「羽のごとく速く、林のごとく多い」という意味で、中国では北斗星を守護する星の名であり、天子（皇帝）を護る宿衛の官名となった。日本では皇居を警護する近衛府の別称となり、羽林家は近衛の将となる家柄の意味を持った。

正親町家は藤原北家閑院家の流れをくむ西園寺家から分かれた洞院《とういん》家の分家であった。

平安時代末から鎌倉時代前期に活躍した太政大臣西園寺公経《きんつね》の孫で、同じく太政大臣であった洞院公守《きんもり》の次男で権大納言正親町実明《さねあきら》にはじまる。実明は弘安9年（1286年）に91代後宇多天皇の皇太子であった熙仁《ひろひと》（のち92代伏見天皇）の春宮権亮となり、その後、右近衛中将となっている。なお洞院家の家格は羽林家より上位の清華家であった。

正親町家は代々権大納言となり、実徳の父の実光《さねみつ》も権大納言であった。実徳も左近衛権少将、権中納言などをつとめ、安政5年（1858年）にはほかの公家らとともに日米修好通商条約の勅許案をめぐり案文の変更を求めた。そして翌年、権大納言となる。禁門の変では長州藩側につき、一時失脚するが、王政復古後に参与に就任し、皇太后宮大夫などをつとめる。

実徳の姉の雅子《なおこ》は宮中女官の宰 相《さいしょうのすけ》典侍《け》で、孝明天皇の生母となり、新待賢門院と称した。典侍は女官の筆頭で、その頭が大典侍《おおすけ》、次いで新大典侍、権中 納言《ごんちゅうな》典侍《ごんのすけ》、宰相典侍の序列であった。雅子は孝明天皇をふくめ三皇子、一皇女をもうけている。孝明天皇践祚後に宮中を退き、藤大納言局と称された。

実徳の養子となって正親町家を継いだのは中山忠能《ただやす》次男の公董《きんただ》で、公董は左近衛権中将となり、維新後には陸軍少将となる。ちなみに公董の姉の中山慶子《よしこ》は孝明天皇の典侍で、明治天皇の生母である。公董の後、正親町家は実徳の長男の実正《さねまさ》が継ぎ、実正は孝明天皇の侍従をつとめ、維新後は侍医寮の薬剤掛、賞勲局（勲章・褒章などの事務）総裁、大正天皇の侍従長などとなった。ついでながら、実正の妹の鐘子《あつこ》は大正時代の典侍で、昭和時代には皇太后宮職御用掛をつとめる。

これら東宮傅、春宮坊の中枢部を担った責任者たちは、みな藤原北家の流れを汲む公家たちで政治力があり、明治維新後もそれぞれ天皇周辺で活躍する子孫を多く持った。また学士は学問の家である菅原家の末裔で、代々の家業ゆえに任された面があった。

総じて、孝明天皇の東宮傅はじめ春宮坊の中枢にいた公家たちは、代々天皇家に仕え、かつ姻戚関係も持った子孫たちであり、さらにはその子孫たちも幕末の動乱期を経てのちの明治維新およびその後の時代の天皇家の側近となり、かつ姻戚関係も結んだりしたのである。こうした天皇家と公家勢力の主従関係や姻戚関係は幅広く根強いものがあり、その名残は現在もある。

こうした古来の天皇家との主従関係をともなった人脈は明治以後も続いていくが、明治以後に集団としての公家社会は解体し、武家や国家の勲功者らと結びつきながら、明治以前とは異なる新たな特権的身分序列集団（華族）となった。そして律令制度における公家の役割は解体し、東宮教育も公家集団の伝統的な職務ではなくなった。

孝明天皇の「近習」たち

ついでながら、『孝明天皇御事績紀』には、幼年時代の孝明天皇の学びの様子が「御修養」としていくつか記されている。

同書によれば、「何事にも精進」、「御近習の人達の日記を見ますと、紙鳶《しえん》を挙げるにも書画を写すにもいつも勝負を決めて勝つた者には賜物などがあつてお喜びになつたことが窺はれます」「何事も御上達が早くて、手習、読書、歌道、笙曲等それぞれ臣僚が驚くばかり御蘊蓄を積まれました」と、学びに前向きな姿勢を誉め讃える言葉が並ぶ。

「御近習」とあるが、「近習」は一般に、公家、武家ともに主君の側近にあって奉仕する役目を担う者たちのことである。「近習」には、平安時代の朝廷以来の歴史があり、鎌倉幕府以後の武家社会において制度として成立したとされる。つまり、鎌倉幕府では建仁3年（1203年）、3代将軍の源実朝の元服のときに陪膳役、つまり食事に近侍して給仕にあたる役目の者がおり、これが「近習」として知られる。とはいえ、ここでの「御近習の人達」は、たんに孝明天皇の日常に接していた人びとという意味だろう。

「紙鳶」は、凧のことで、烏賊幟《いかのぼり》とも称する。凧揚げでも書や絵でも勝負ごとにして褒美の品が与えられ、喜んだという。

そして何事も上達が早く、手習（文字の読み書きを習うこと）、読書、歌道、筆曲など知識の深さには多くの臣下たちが驚くばかりであったという。前述したように手習、読書、歌道、筆曲は、近代以前の天皇の一般的な学びでもあった。また江戸時代の朝廷を統制した禁中並公家諸法度の、天皇は学問を第一とするという条文にもかなっていた。

「近習」の日野資宗

また、『孝明天皇御事績紀』には「近習として日野資宗、山科言成《ときなり》、野宮定功《ののみやさだいさ》、油小路隆光などが奉仕して居りました」とある。東宮傅や春宮坊のような公的な官職とは別に、いわばのちの「ご学友」的な存在として皇太子に奉仕したのだろう。

「近習」の一人である日野資宗は、藤原北家を祖とする公家の名家で、歌道や儒道を家業とした。室町時代には足利将軍家と縁戚を結び、大きな権勢を振るい、なかでも足利義政の生母である日野重子や、重子の兄の孫で義政の室である日野富子が力を持った。富子が義政の弟の義視に代えて子の義尚《よしひさ》を将軍職につけようとしたことが応仁の乱の一因となったことはよく知られる。

しかし、日野家はその後、所領没収などの憂き目にも遭い、苦難の歴史をたどり、同じ日野家の流れをくむ広橋家から養子輝資《てるすけ》を迎えて、徳川家康の側近として日野家を再興させた。のち、烏丸光栄七男の資枝《すけき》など養子相続などで継承され、資宗も広橋胤定《たねさだ》七男で日野家の養子となった。広橋家も烏丸家も日野家の分家で、ともに名家であった。柳原光愛《みつなる》五男で、はじめ北小路随光《よりみつ》の養子となり、その後、資宗の養子となった資秀は、明宮《はるのみや》（のち大正天皇）の東宮侍従となっている。

柳原も北小路も日野家の庶流であり、柳原光愛の次女の愛子《なるこ》は明治天皇の側室で大正天皇の生母となる。愛子の姪の燁子《あきこ》は、北小路随光の養女となった後に随光の子の資武の妻となり離婚し、その後も波乱の人生を送った悲恋の歌人として知られる柳原白蓮である。なお、明治維新後、日野家は伯爵となった。広橋家も柳原伯爵となったが、北小路家は子爵だった。

「近習」の山科言成

二人目の近習である山科言成は、公家の徳大寺公迪《きんみち》の次男で山科家の養子となった。山科家は、藤原北家四条家の支流で、羽林家で装束、衣紋、笙などを家業とした。先代の山科言知《ときとも》は権大納言、言成は権中納言、言成を継いだ言縄《ときなお》は右近衛権中将となっている。明治維新以後に伯爵となるも、上京せずに京都で公家の伝統文化を守りつづけ、言成の玄孫の言泰《ときひろ》は蹴鞠保存会会長をつとめた。

言成の実家の徳大寺家は、藤原北家閑院家の流れを汲み、三条家や西園寺家と同系で、同じ清華家であった。家業は笛。公迪から三代目の徳大寺実則は、尊王攘夷派の公卿として活躍し、明治以後に宮内省に入り、侍従長兼宮内卿、内大臣兼侍従長などをつとめ、明治天皇の側近として天皇を補佐した。実則ははじめ侯爵、のちに公爵となった。元老の西園寺公望は実則の実弟である。

「近習」の野宮定功と油小路隆光

三人目の近習である野宮定功は、藤原北家花山院家の流れを汲む公家の羽林家で、先代の定祥《さだなが》は権大納言をつとめ、定功は和宮降家の御縁組御用掛をつとめ、のちに中納言となり、維新後は、皇后宮大夫となった。定功を継いだのは竹屋光有《みつあり》三男の定穀《さだよし》で、維新後に子爵となり貴族院議員をつとめた。定穀の姪にあたる竹屋津根子《つねこ》は昭和期の皇太后宮典侍、津根子の妹の志計子《しげこ》は皇后宮女官長となっている。

四人目の近習である油小路隆光は、藤原北家四条家の流れを汲む公家の西大路家の庶流である油小路家で、羽林家。戦国時代に一時中絶したが、江戸時代に再興。もっとも油小路家に隆光の名は見当たらずあるいは隆晃《たかてる》かと思われる。隆晃は頭中将、殿掌などをつとめ、維新後に伯爵となる。隆晃を継いだ隆董は明治期に侍従、殿掌をつとめた。

孝明天皇の「近習」もまた、古来の公家社会の主従関係をともなった結びつきのなかで配置されたとみなせよう。

天皇を頂点とした公家社会の主従関係は、朝廷の権威が失墜した武家の時代でも代々継承され、その長い時間と幅広い人脈の塊のまま、幕末から明治維新の時代を迎えた。

しかし、これら律令制度の枠内にあって存続し続けた東宮職員令や公家制度も、近代国家の成立によって消滅し、皇太子や天皇の新たな教育体制と教育者の必要性が生まれるのである。

孝明天皇は誰に何を学んだのか

さて、孝明天皇はいつ、どのような学びを、誰から学んだのだろうか。

『孝明天皇実録』によれば、天保9年11月6日(1838年12月22日)に内大臣近衛忠煕から仮名いろは手本の指導をうけた。『近衛家記』には「天保九年十月廿五日、議奏萬里小路大納言殿を以て御手習に付、御手本可差上旨御沙汰に付、御請申上、十一月六日、忠煕参内、御手本假名いろは、献上、同十九日、御清書初て拝見」とある。

議奏は天皇に近侍し、勅命を公家らに伝え、議事を奏上する職務であった。つまり、議奏の萬里小路建房から内大臣で東宮傅でもある近衛忠煕に手習いのための手本を統仁親王に差上げるよう伝えたのである。近衛は「仮名いろは」を献上し、その後、孝明天皇の清書を見たのである。

ちなみに萬里小路建房の娘の幸子《ゆきこ》は典侍になり、孝明天皇の后である英照皇太后と明治天皇の皇后である昭憲皇太后の二代の后に仕え、嘉仁《よしひと》親王(のち大正天皇)妃となった節子皇太子妃(のち貞明皇后)の妃教育を担った。

読書始め

天保10年6月7日(1839年7月17日)には「御読書始あり、明経博士舟橋在賢《ありかた》、孝経を授け奉る」とある。

第1章でふれたように、明経博士とは、大学寮の本科である明経道の教官であり、律令制官人の基礎的教養である五経などの儒学を学生に教えるほか、天皇や摂関家の侍読を務めたり、天皇や太政官などの諮問に応じたりした。明経博士の職は世襲化し、舟橋家は明経博士の清原広澄にはじまる清原氏の流れを汲む。公家の半家で、代々天皇の侍読を務め、明経道を家業とした。

明経博士の舟橋在賢は、後に同じく明経博士となる子の康賢《みちかた》とともに、安政5年(1858年)の廷臣八十八卿列参事件(日米修好通商条約締結にあたり、岩倉具視や中山忠能ら八十八名の公家が条約案の撤回を求めて抗議の座り込みをした事件)にも関わった。

舟橋家は維新後に在賢の孫の遂賢《なるかた》が子爵となり、貴族院議員をつとめた。遂賢の子の清《きよ》賢《かた》も貴族院議員のほか岡田啓介内閣の司法参与官、米内光政内閣の文部政務次官、戦時金融金庫監事などの任についた。

楊弓・聞香

読書始めの翌年の天保11年3月14日、前述した立太子の儀が行われた。

この天保11年11月19日に太上天皇が亡くなり、光格天皇と称される。喪中の年末を終え、翌天保12年6月26日、孝明天皇は当番の士を召して、楊弓《ようきゅう》と聞香《もんこう》の遊びをした。楊弓は楊柳で作られた遊戯用の小弓で的を当てるもので、中国唐代ではじまったとされ、日本に伝わり、室町時代の公家社会で広まった。江戸時代には神社や盛り場などに楊弓場（矢場）と呼ばれる遊技場もでき、幕末から明治初期にかけて盛んになったという。

聞香は香木の香りを鑑賞する芸道で、仏教とともに香木を焚く文化が日本に広まり、平安時代以後に宗教儀礼から離れた文化となり、鎌倉時代以後の武家の文化や禅宗の影響を受け、室町時代に茶道、華道、能などとともに一部上流階級の芸道として発展した。香木の香りを聞いて鑑賞する聞香のほか、香りを聞き分ける組香《くみこう》もあった。こうした公家文化の伝統をひく遊びを、数え11歳の孝明天皇は楽しんでいたのである。

絵画・和歌

さらに同年11月6日、『孝明天皇実録』には「近侍を召して絵画の興あらせらる」とある。絵を描いたのである。そして同月24日、「三卿等を召し、題を賜ひて和歌を詠進せしむ」とある。この時の東宮三卿は、葉室顕孝中納言、野宮定祥参議、中園実暉三位だった。

葉室顕孝は藤原北家甘露寺家から分かれた勧修寺家の支流にあたる公家。葉室家は名家で、家業は儒学や有職故実であった。顕孝の孫の長邦は明治維新後に殿掌となる。また同じく孫の光子は、明治天皇の権典侍となり、明治天皇の最初の皇子（稚瑞照彦尊《わかみずてるひこのみこと》）を産んだ。しかし皇子は死産であり、光子も四日後に急逝した。なお、長邦養子の長通《ながみち》は琴平神社宮司、その養子の直躬《なおみ》は賀茂御祖神社（下鴨神社）宮司、その子頼昭は葉室病院院長であり、のちに春日大社宮司となった。

野宮定祥は、前述した「近習」の野宮定功の父である。

中園実暉は甘露寺篤長の三男で、中園家の養子となった。中園家は藤原北家の閑院家の流れを汲む四辻庶流の藪家から分かれた公家の羽林家。明治維新後に子爵家となった。

紀伝道御書始

さらに天保14年2月23日、『孝明天皇紀』には「紀伝道御書始侍読少納言菅原在久唐橋尚復《しょうふく》大内記菅原為政桑原等之に候す」とある。

くりかえしになるが、紀伝道は、大学寮で歴史（主に中国史）を教えた学科である。侍読は天皇に学問を教授する学者で、東宮や摂関家、将軍家の当主に学問を教授する者も侍読と称された。平安時代後期以後、菅原家は紀伝道博士を世襲し、侍読の役を独占していた。

菅原家から唐橋家、桑原家などが分かれ、少納言菅原在久が担当した。唐橋とあるのは菅原家の分家である唐橋家の意味である。唐橋在久は前述した孝明天皇の東宮時代の学士の一人である。

一方、尚復は天皇や東宮の読書始めの儀で侍読が教授したところを復習する役である。内記は律令の中務省直属の官で詔勅などの起草や天皇の行動記録を職務とした。文筆に優れた官人や学者が就任し、その上官である大内記は紀伝道の試験合格者に限定されていた。平安時代以後は形骸化していったが、官職名は残っていた。菅原為政は桑原為政で、これも前述した学士の一人である。つまり、菅原家の流れにある唐橋在久と桑原為政の学士2人が紀伝道御書始を担当したのである。

先の『孝明天皇御事績紀』には、「申すまでもなく、紀伝道は経学史学を謂ふので、蓋し帝王学の御修業を履ませられたと言ふことになるのであります」とある。孝明天皇は幼少時から儒学の経典を、紀伝道とともに学び、帝王学の修業に励んだのである。

そのほか孝明天皇は、先代の仁孝天皇が亡くなって皇位を継いで後も、学問に励み、国書、歌道などに優れたという。国書では、飛鳥井雅久から『和歌三部抄』、『伊勢物語』、『古今和歌集』を学び、それを烏丸光政に伝え、また有栖川宮幟仁《たかひと》親王や近衛忠熙をはじめ近臣の詠んだ歌を添削したりしたと、『孝明天皇御事績紀』にある。

飛鳥井雅久は権大納言の飛鳥井雅光の子で、雅久も権大納言となった。飛鳥井家は、藤原北家花山院家の一つである難波家の庶流で、公家の羽林家であった。代々、和歌、蹴鞠、書道などを家業とした。雅久の孫の雅望は、幕末に有志公家とともに天皇家に尽くした。雅望に嗣子なく、弟の恒麿が家を継いだ。明治維新後に恒麿は伯爵となり、陸軍大尉となった。恒麿の子の雅信は宮内省京都事務所長、東京大神宮宮司などをつとめ、雅信を継いだ雅道は日本近代史を専門とする歴史学者で京都大学名誉教授となった。

有栖川宮幟仁親王は四親王家と呼ばれる宮家の一つである。江戸時代初期までに成立した伏見宮、有栖川宮、桂宮の三親王家に、江戸時代中期に新しく設立された閑院宮家が加わったものが四親王家で、この四つの親王家が近代を迎えた。しかし、維新後は、これら四親王家ばかりではなく、伏見宮家から分れた久邇宮、華頂宮、賀陽宮、北白川宮など多くの宮家が設立され、一方で桂宮家は男子継承者がなく断絶し、閑院宮家は伏見宮家から継承者が入るなどの変遷があった。

有栖川宮家は代々、歌道、書道を家学として天皇家の師範をつとめた。幟仁の曽祖父にあたる職仁《よりひと》親王の代に書道有栖川流の基礎を固め、幟仁親王の代に確立した。幟仁親王はのちに長男の熾仁親王とともに国事御用掛となるも、禁門の変での長州藩への通牒疑惑でともに罷免され、蟄居を命ぜられる。その後、明治天皇の践祚に伴い処分は解かれたが、政治の表舞台には立たず、国家神道や国学の普及につとめ、神道総裁や皇典講究所（のちの國學院大學）総裁などの職に就いた。

他方、長男の熾仁親王は、幕末の皇女和宮の婚約者として知られていたが、公武合体により和宮は徳川第14代将軍の家茂と結婚した。父の幟仁親王とともに国事御用掛となるも禁門の変で失脚。しかし維新後に政府総裁となり、戊辰戦争では東征大総督として新政府に軍事的勝利をもたらす。西南戦争では鹿児島県逆徒征討総督になり、その功で陸軍大将に任命された。

有栖川宮熾仁親王は明治期の内政外交に活躍するも、継嗣なく、熾仁親王を継いだ弟の威仁親王にも男子がなく、有栖川宮家は断絶した。その祭祀は大正天皇の三男の高松宮宣仁親王が継ぎ、現在は高松宮家も男子なく断絶した。

公家にとっての明治維新

孝明天皇の幼少期に関わった皇族や公家の子孫はその多くが、維新後も宮廷内で活躍する。しかし、幕末の動乱のなかで社会集団としての公家は解体し、その一部の子孫たちが新しい近代国家に活躍の場を得ていったのであり、公家社会そのものが近代国家のなかに生き残ったというわけではなかった。

幕末に東宮教育を担った公家勢力は、維新後に律令制度の完全なる崩壊によって、東宮教育のための伝統的家柄としての存在価値を失う。ただそれらの公家の一部が明治以後に華族となって宮中周辺で活躍したのも確かであった。

第3章

明治天皇の学びと人脈

死ぬまで京都弁

孝明天皇崩御により、慶応3年1月9日（1867年2月13日）に数え16歳（満14歳）で践祚した明治天皇（祐宮睦仁親王《さちのみやむつひと》）は、東京で暮らすようになっても死ぬまで京都弁だった。伊藤之雄『明治天皇』によれば、東京での日常生活の場である奥（御所の内廷、私生活の空間）では京都からきた女官や公家の少年たちに囲まれて暮らし、京都弁を忘れなかったという。

明治天皇のみならず、孝明天皇の后であった英照皇太后（九条夙子）、明治天皇の皇后であった昭憲皇太后（一条美子）も、東京に移ったのちも京都の暮らしをなつかしんだ。昭憲皇太后は静岡県沼津市の大中寺をしばしば訪問したが、その理由は庭内の竹林が京都に似ていたためともいわれる。天皇皇后のみならず、明治期の宮内官や女官など宮廷の人びとの多くは京都出身者が少なくなかった。天皇は日常生活の場ではこうした京都出身の人びとに囲まれ、伝統的な公家の慣習や行事や風習などのなかで暮らしていたのである。天皇は頑固で保守的であり、奥における生活の近代化や欧風化は求めなかった。

維新後の近代化や欧風化を進め、天皇自身、髪を切り、白粉の化粧をやめ、牛乳や肉食を試み、大元帥服を着用し、乗馬やワインを好んだ。とはいえ、奥では常に和服であり、ダンスは嫌いだった。刺身は食べず、鮎・鯉などの淡水魚料理を好むなど京都の味覚の食生活が変わることはなかった。学問やたしなみも、西欧風のものにも触れはしたが、和歌や儒学が一番好みであった。宮廷内の医事も当初は漢医学に固執し、西洋医学の導入をためらっていたほどだった。

なお、明治天皇は称号が祐宮、親王宣下を受けてからは諱《いみな》（貴人の生前の実名）を睦仁と称した。孝明天皇と同様に、存命中に明治天皇と呼ばれることはなく、明治天皇は亡くなってのちの諡号《しごう》（亡くなってのちに贈られた称号）である。明治以後は一世一元となり、在位中の元号が諡号となったので、それぞれ明治天皇、大正天皇、昭和天皇と表記される。一方、平成の天皇（上皇）や令和の天皇はまだ存命であり、平成天皇、令和天皇という表記は厳密には正しくない。また、それぞれ明治天皇であれば祐宮、睦仁、大正天皇であれば明宮、嘉仁などのように称号と諱を持っており、本書では叙述の便宜上、明治天皇、大正天皇、昭和天皇、平成の天皇、令和の天皇などと表記するが、文脈に応じて称号や諱で記すこともある。

4歳まで母方の祖父の中山忠能家で育った

明治天皇はペリー来航の前年の嘉永5年9月22日（1852年11月3日）に生まれた。開国をめぐる幕末の騒乱と、開国後の欧米化という時代の流れのなかに生まれてきたともいえる。父の孝明天皇が数え22歳、母で側室の中山慶子が18歳のときであった。

母の慶子の父は羽林家で権大納言の中山忠能。忠能はペリー来航の際には攘夷論を主張した。その後、万延元年（1860年）に公武合体派として孝明天皇から和宮と徳川家茂の縁組の御用掛に任じられる。しかし元治元年（1864年）の禁門の変では急進的な尊王攘夷派であった長州藩を支持して失敗し、孝明天皇に処分されるも、孝明天皇崩御で政治的に復帰した。復帰後、岩倉具視らとともに王政復古の大号令をなしとげ、明治天皇の外祖父として麝香間祗候となるなど維新政権の一角を支え、かつ曾孫でもある大正天皇（明宮嘉仁）の養育も担当した。忠能もまた、羽林家ながら政治的に台頭し、維新政権内に生き残った公家の一人であった。

祐宮への愛情

明治天皇（祐宮）は数え5歳（満4歳）になるまで、外祖父である中山忠能の家で育てられ、中山家の人びとの愛情を受けて育った。また祐宮の宮中（禁裏御所）での居所は実母である中山慶子の局《つぼね》（部屋）があてられた。幼少時代は母方の実家の影響のなかにあったのである。なかでも曾祖母の中山綱子（忠能の母、忠能の父である中山忠頼の室、大臣家の正親町三条実同《さねとも》の娘）は寝食を忘れて祐宮の養育にあたり、祐宮が御所に移って後もしばしば参内して慶子の局の祐宮に会いにいったという。

ちなみに、祐宮が中山邸で育てられていたころの教育に携わった人物に、田中河内介《かわちのすけ》がいる。河内は但馬国出石郡（現在の兵庫県豊岡市）の医者の次男であり、儒学や弓道をたしなみ、私塾を開いていたところ、中山忠能に召され、忠能の子どもたちの教育を任された。また忠能の次女の中山慶子が孝明天皇の子（祐宮、明治天皇）を身ごもった際に、産殿の建設などをつとめた。祐宮を背負って『孝経』を口授したといわれる。祐宮が皇居に入り親王宣下を受けた後に職を辞し、維新前に亡くなった。祐宮の幼少時の教育に関わった河内は医師の子で、代々家業として儒学を学んだ公家の出身ではなかったのである。

祐宮は数え5歳の誕生日ののち、孝明天皇の命で宮中に移り、天皇のもとで育つようになる。当時、孝明天皇にとって祐宮は成長した唯一の男子であったが、皇位継承者と確定していたわけではなかった。孝明天皇の正室の（九条）夙子に皇子が生まれる可能性もあり、九条家という摂家の正室の皇子のほうが、中山家という羽林家の側室の皇子より皇位継承者として優位と考えられていたからである。また、このころは猶子《ゆうし》（養子）も是認されており、伏見宮貞教《さだのり》、有栖川宮幟仁、有栖川宮熾仁が、それぞれ先代の仁孝天皇、先々代の光格天皇の猶子として親王宣下を受けており、祐宮が親王宣下を受ける前に孝明天皇が他界するようなことがあれば、祐宮の皇位継承は危ういものがあった。

そうした事情のなかで、孝明天皇は実子の祐宮に皇位継承者としての強い期待を抱いた。実は称号の「祐宮」は、孝明天皇が理想とした天皇で幕藩時代に朝廷の権威復権に尽力した先々代の光格天皇の称号でもあった。この称号の「祐宮」の命名にあたり、孝明天皇は自筆でこれを記したほどである。

孝明天皇は宮中に住むようになった祐宮に、自分が関わる行事を見せ、宮中儀式になれさせた。安政4年3月18日（1857年4月12日）の石清水八幡宮の臨時祭では、祐宮は清涼殿（紫宸殿の北西にある儀式の場）で儀式を観た。同年4月2日には天皇と桜花を鑑賞した。その後も茶亭の上棟式に参列したり、加茂祭で天皇に従って進発する近衛使などを見たりした。前出の伊藤之雄『明治天皇』は、「祐宮が八歳で親王宣下するまでの三年半の間に、天皇は自分の後継者として、祐宮の自覚を促すとともに、周囲にも認知させようとしたのである」と指摘している。

孝明天皇の祐宮教育への配慮

祐宮が数え6歳から7歳にかけて、孝明天皇は祐宮の教育に気配りするようになった。数え6歳になった安政4年（1857年）11月に祐宮がはじめて詠んだ歌がある。

月見れは《ば》雁がとんてゐる《で》水の中にもうつるなりけり

5・8・7・7で和歌というには不定形であるが、情景は的確に描かれている。これは実母の中山慶子の自筆で書き残されており、おそらくは慶子が指導したものだろう。

7、8歳以降、孝明天皇は祐宮が出向くたびに和歌を5題作らせ、できると菓子を与えたという。孝明天皇が直接指導して添削し、典侍広橋静子らの女官に協力させた。和歌詠草は、天皇と祐宮とのふれあいの場でもあった。そのためもあり、羽林家で歌道を家業とする権中納言の冷泉為理《れいぜいためただ》が和歌の指導を申し出ても応じなかったほどだった。

一方、安政4年5月13日に孝明天皇は権中納言で羽林家の正親町実徳に、祐宮の習字指導を命じた。さらに安政6年3月30日に、孝明天皇は有栖川宮幟仁親王を祐宮の習字の師範にし、生母の中山慶子がそばに付いていた。慶子は厳格で、祐宮が決められた課程を達成できないと昼食ぬきにしたので、祐宮は水を練習帳に塗って、日課を終えたと嘘をつくこともあったという。その後、文久元年（1861年）2月20日には、有栖川宮に加えて名家で文学を家業とする参議の広橋胤保が、4、9の日や当番で御所に参仕する日に習字を教えるようになる。しかし祐宮は習字があまり好きではなく、上達せず、慶子はあせったらしい。

ところで先にもふれたが、有栖川宮家は四親王家（伏見宮、有栖川宮、桂宮、閑院宮）の一つであり、代々書道や歌道の師範をつとめた宮家であった。なかでも書道の流派でもある有栖川流は、江戸初期の112代霊元天皇から天皇直筆の宸翰様を伝授された有栖川宮職仁（霊元天皇17皇子）によって典麗で優美な工夫がなされた書体であった。明治天皇や昭憲皇太后もこれを学び、以後も有栖川宮家の子孫である高松宮喜久子に受け継がれ、常陸宮華子妃や秋篠宮文仁親王も学んでいる。

さて安政6年4月27日、孝明天皇は伏原宣明《のぶはる》を祐宮の読書師範に命じた。伏原家は半家で儒学を家業とした。宣明は岩倉具視の才能を見いだした明経博士としても知られる。伏原は以後も指導を続け、祐宮は万延元年（1860年）11月12日に『大学』の素読を終えた。17日から『中庸』に入り、翌文久元年（1861年）3月には『中庸』が終わりかけた。そのころ、伏原は孝明天皇に『論語』を君徳の養成と啓発のため講義する侍読を行いたいと提言し、許可を得た。

このように孝明天皇は祐宮の教育に心を傾けながら、かつ周囲の公家にも祐宮が皇位継承者であることをアピールしていった。この間の万延元年9月22日（1860年11月4日）に祐宮は無事数え9歳（満8歳）の誕生日を迎え、同年9月28日に親王宣下の儀式を行い、かつ睦仁の諱をもらい、次の天皇となることがほぼ決まった。

幕末から明治へ

祐宮が親王宣下を受けて睦仁親王となったころから、朝廷と幕府の対抗関係はさらに激化した。この年の旧暦3月に桜田門外の変があり、10月には和宮降嫁の勅許が出された。公武合体運動である。

文久3年（1863年）4月に、孝明天皇は攘夷祈願のため石清水社に行幸。5月に長州藩は下関で米商船を砲撃した。7月に薩英戦争が開始された。8月に祐宮は、会津・米沢等5藩の将兵訓練を見学し、満10歳の誕生日を前にして、はじめて大砲の音を聞いている。のちの大元帥となる明治天皇の最初の軍事的体験であった。その直後、八・一八政変があり、公武合体論を進める孝明天皇や薩摩・会津勢力が、尊王攘夷派の三条実美らと急進派の長州藩を京都から追放した。公家勢力も分断されていったのだ。

翌年の元治元年（1864年）7月には再起を図る長州藩が御所をめざして突入しようとした禁門の変が起き、このとき、睦仁親王は恐怖のため失神したと伝えられる。前年の会津・米沢藩等の将兵訓練では砲声や銃声を聞いても動じなかった睦仁親王だが、御所攻撃という恐怖と緊張が最高潮に達したのだろうとみられている。あと2ヶ月で満11歳になろうという、まだ幼い公家社会育ちの少年だったのだ。このときの睦仁親王のひ弱さと、のちの大元帥としての厳しさとのギャップのため、明治天皇は2人いたとする説もある。他方、そうしたひ弱な親王に対し、明治新政府を担う人びとが、新時代の君主たる心身を養ったともいわれる。

いずれにせよ、維新の前後で睦仁親王のイメージが公家社会に育ったひ弱な少年から、政治や軍事を統率する元首かつ大元帥に変化していったのは注目すべきだろう。近代国家を担う立憲君主への学びと成長は、維新前の紀伝道や明経道だけでは成り立たず、天皇に新たな学問や技能、さらには政治や軍事の能力を授ける人びとの存在なしにはなしえなかったのである。

幕末における睦仁親王の学びは、従来の『論語』や『孟子』などの素読であり、その師範は先に記した祐宮の読書師範であった伏原宣明の子の宣諭《のりさと》であった。伏原家はその後、宣諭の長男の宣足《のぶたる》が維新後に子爵となり、侍従などを歴任し、賀茂別雷神社宮司兼賀茂御祖神宮宮司をつとめた。伏原家も、維新前までは家業の明経道をもって東宮の師範などをつとめたが、維新後はそうした役目を終えた公家の一家といえる。

東京での学び

慶応3年（1867年）から明治2年（1869年）の3年間で、日本の政治と社会の体制は大きく変わった。孝明天皇の崩御をうけて睦仁親王が践祚し、戊辰戦争が起こり、江戸は東京と改称され、慶応を明治と改元して一世一元の制を定めた。天皇となった睦仁親王は、京都から東京に移り、かつての江戸城に居所を定めた。

明治元年（1868年）10月になって、満15歳、今の学年では高校1年生にあたる明治天皇の東京での新たな日課が定められた。『明治天皇紀』の同月18日には、「御厩馬訓練の日次を定め、三・八の日を以て之れを禁庭に行ふ、御馬乗役目賀田雅周奉仕す」とある。3日、8日、13日、18日など「三・八の日」に乗馬訓練を禁庭（宮城内の山里、吹上御苑）でし、乗馬指導は目賀田雅周がするというというのである。

目賀田雅周の経歴などは不詳だが、宮内省の馬の調教師であり、目賀田家は近江守護佐々木六角氏の重臣の一人であった目賀田氏の末裔と推測される。少なくとも、幕末の公家の出身ではなく、明治という新時代の宮中の新しい職務の新しい技能を持った人材であった。『明治天皇紀』の明治32年（1899年）10月10日に、「調馬師従六位五等目賀田雅周死去せるを以て、維新前より御厩御用を奉仕し多年勤労尠からざりしを追思し、是の日天皇・皇后、祭資金八百円を賜ひ、皇后尚別に金百円を賜ふ」とある。目賀田は馭者でもあり、天皇皇后の行幸啓（天皇の行幸のみならず皇后も行啓するため行幸啓と称する）などでの馬車馬の調教などもしていた。

さらに明治元年10月20日、天皇への進講の日課が作られ、東京在住の諸侯の陪聴も許した。『明治天皇紀』には「二・七の日午前習字、午後史記講義、三・八の日は午前保建大記《ほうけんたいき》輪読、午後乗馬、四・九の日午前習字、午後神皇正統記輪読。五の日資治通鑑講義と定め、議定東久《ひがしく》世《ぜ》通禧《みちとみ》輪読に、参与秋月種樹講義に奉仕す、二十五日始めて講筵を開かせられ、種樹、資治通鑑の漢高祖紀を進講す」とある。

習字や乗馬とともに書の講義や輪読があり、2、7の日の講義での『史記』は、中国の前漢時代の司馬遷が編纂した紀伝体の歴史書で、中国史書の原型ともいえる基本的な書であった。

3、8の日の輪読の『保建大記』は江戸中期の儒者であった栗山潜鋒が著した尊王の書。朝廷が衰微し、武家が興隆したのは、朝廷の不徳の結果とした。武家全盛時代に朝廷の奮起を暗に諭し、幕末の尊王倒幕論につながった書であった。

4、9の日の輪読の『神皇正統記』は、南朝公家の北畠親房が著した神代から97代の後村上天皇までの歴史書で、南朝の正統性を主張したものである。

5の日の講義の『資治通鑑』は中国の編年体の歴史書で、儒学的な道徳で貫かれ、君主の治政の参考にすべき書とされた。

輪読を担当した東久世通禧は、公家の羽林家の末裔であり、孝明天皇の幼少時代の御児《おちご》であった。御児は非公式な形で天皇、上皇、皇太子などに近侍した元服前の公家の子弟がつとめ、明治以後も宮内省内に侍従職出仕として存続した。

東久世は、幕末の朝廷で尊王攘夷派の公家として奔走し、朝廷の実権が公武合体派に移った八月十八日の政変で三条実美らと長州へ逃れた（七卿落ち）。その後、王政復古後は外国事務総督などをつとめ、新政府の外交折衝に尽力した。この東久世が明治天皇の『保建大記』や『神皇正統記』の輪読を任されたのである。

秋月種樹《たねたつ》は日向高鍋藩主の三男で、若きころより学問に優れ幕府学問所奉行となり、さらに将軍徳川家茂の侍読をつとめ、その後、幕府の若年寄となったが辞任した。そして慶応4年（1868年）に新政府支持の姿勢を示し、新政府参与となり、『史記』や『資治通鑑』の講義を担ったのである。明治天皇の侍読として、詩文に優れ、書家としても名をなした武家出身の文人であった。

侍読は本来は天皇に仕えて学問を教授する学者のことであり、律令制のもとでは大学寮の博士あるいは同等の学識を有する者が任命され、四書五経など儒学の経典を講義した。平安後期以後は紀伝道博士（文章博士）を世襲した大江氏や菅原氏がその職を独占してきた。また東宮や摂関家、将軍家の当主などに学問を教授する学者も侍読と呼ばれるようになった。秋月が、かつて代々の家業として朝廷の学問を担った公家の大江氏や菅原氏の出身ではなかったことに、時代の特徴がみられた。

福羽美静の進講

さらに『明治天皇紀』によれば、明治2年（1869年）4月12日に侍講の福羽美静（よししず・びせい）（文三郎）の『日本書紀』の進講があった。侍講は君主に仕えて学問を教授する職であり、侍読と同義であったが、明治以後は制度化され、天皇や皇太子に書物の講義をする官職となった。

福羽は津和野藩士の福羽美質《よしね》の長男で、藩校の養老館で漢学や山鹿流兵学を学び、京都に出て国学思想の影響を受けて尊王攘夷論に傾倒し、国事に関わっていった。文久3年（1863年）に御所に召されて孝明天皇に近侍している。八月十八日の政変では七卿とともに西下し、津和野藩に帰藩した。明治になって津和野藩主の亀井茲監《これみ》が維新政府の神祇官となり、福羽も徴士神祇事務局権判事となった。徴士とは藩から新政府に登用された有能な人材の意味であった。明治2年（1869年）に福羽は明治天皇の侍講、大学御用掛などとなった。

明治天皇による「帝王学」の講義

この福羽が『日本書紀』の進講をした同じ明治2年（1869年）4月12日に、明治天皇の講学の日課改定もあった。『明治天皇紀』によれば、2、7の日は午前9時より『詩経』を侍講の中沼了三、午後1時より『資治通鑑』を侍読の秋月種樹がそれぞれ奉仕したとある。3、8の日は午前9時より『詩経』の復読などがあり、午後1時より『貞観政要』と『帝範』の親講があり、秋月がこれに侍した。4、9の日は午前9時より『詩経』の復読など、午後1時より『大学』の講義を中沼が奉仕した。5、10の日は午前9時より『詩経』の復読など、午後1時より福羽と侍講の平田大角が国史を進講している。

つまり『詩経』、『資治通鑑』、『貞観政要』、『帝範』、『大学』などが学びの中心となり、なかでも『詩経』の時間が多かった。また、国史の進講もなされた。侍講と侍読が併記されているが、侍講は制度上の役職で、侍読は実務上の役目だったのだろう。

また『貞観政要』と『帝範』の「御親講」ともあり、天皇自らが秋月を伴って側近らに講義したと思われる。第1章でもふれたが、『貞観政要』と『帝範』は「真の帝王たるにふさわしい人格・教養・態度・政治姿勢を身につけるための学問」として、歴代天皇が学んだ「帝王学」のための書である。明治天皇自身が側近に『貞観政要』や『帝範』の講義をしていたのは興味深い。

乗馬や気風を学ぶ

明治天皇は、これらの歴史や儒学、帝王学の書の学びが求められていたのだが、しかし、実際には規則通りにはいかなかったようだ。明治2年(1869年)より東京に暮らしはじめた数え17歳ごろの明治天皇は、乗馬と酒を好み、宮城となった江戸城跡の山里や吹上御苑で、公家の三条実美、岩倉具視、中山忠能や近習たちと乗馬にはげみ、乗馬の後には滝見茶屋で酒宴を開いたという(『明治天皇紀』)。もっともこうした人的交遊は、歴史や儒学をふまえた帝王学の実践だったともいえる。

明治天皇は以後も、机上の学問だけではなく、様々な政治家との交流のなかで、多くを学んでいったろう。明治天皇を武人的に育てようとした西郷隆盛や、西欧的な君主に育てようとした岩倉具視、三条実美、大久保利通、木戸孝允らとの交流のなかで明治天皇の新時代の君主としての意識が育っていったのだ。岩倉や三条は元公家といっても摂関家ではなかったし、西郷や大久保らは成り上がりの「郷士」ともいえた。そうした低い身分の人びとを軽んじなかったところに、新時代の君主としての明治天皇の「帝王学」があったともいえよう。

西郷隆盛について述べれば、西郷は宮中の「奥」で軟弱な公家たちと生活する慣習を改善するため、宮中の組織や人事に手をつけた。すなわち、明治4年（1871年）に旧薩摩藩士の吉井友実を宮内大丞《たいじょう》（卿、大輔、少輔に次ぐ地位）兼制度取締掛に任じ、宮内省と「奥」の改革を進めさせた。旧公家に代えて、旧武士層の人材を宮中に配し、天皇のライフスタイルの改善につとめようとしたのである。旧薩摩藩の村田新八が新たな宮内大丞となり、また旧長州藩士、旧土佐藩士、旧薩摩藩士、旧熊本藩士ら8人が新たに侍従に任命されたりした。この結果、改革後の宮中は「剛健勇武」の気風に満ちたという。

1000年にもおよぶ長い伝統のある「奥」の改革を、成り上がりの藩士階層にまかせたのも、新時代の君主たらんとする明治天皇の自覚と度量があったからだろう。

明治天皇の侍講たち

さて、儒学などの進講を行う侍講が制度として設置され、前述の福羽美静のほか、孝明天皇の侍講でもあった中沼了三はじめ、平田鉄胤《かねたね》、鉄胤の長男である平田延胤《のぶたね》、加藤弘之、元田永孚、伊地知正治、副島種臣らが侍講となった。ここで侍講たちのプロフィールを見ていこう。

中沼了三は『詩経』や『大学』を受け持った。中沼は文化13年8月15日（1816年9月

6日）生まれ。隠岐国（現在の島根県隠岐の島）の医師の三男で、京都にて山崎闇斎の流れをくむ崎門学派の門人として儒学を学んだ。京都で中沼塾を開塾し、仁孝天皇の代に設立された学習院講師となり、孝明天皇の侍講となった。中沼塾の門人には西郷従道、川村純義ら薩摩藩士が多かったという。のちに仁和寺宮嘉彰《にんなじのみやよしあき》（のち小松宮彰仁《あきひと》）親王の侍講となり、戊辰戦争では軍事総裁となった仁和寺宮の参謀として活躍。明治維新後も新政府参与として明治天皇の侍講などをつとめた。しかし、三条実美や徳大寺実則らと天皇の政治的主導権をめぐって対立し、明治3年（1871年）12月に官を辞し、野に下った。

中沼も公家出身ではなく、幕末の医師の子で、儒学者となった新時代の人材であった。孝明天皇、明治天皇の2代の侍講となり、とりわけ明治初期の天皇の教育に大きな役割を果たしたが、その在任期間は短かった。なお中沼家は代々医者の家系であり、現在でも医師や企業社長などの分野で活躍している。

平田鉄胤は、福羽とともに国史を進講した。国学者平田篤胤の養子で、寛政11年12月6日（1799年12月31日）に伊予国（愛媛県）新谷《にいや》藩主の家臣の長男として生まれた。幼少より書に親しみ、本居宣長や平田篤胤の存在を知って国学に傾倒した。江戸に出て平田塾に入門し、平田篤胤の養子となり、養父篤胤の活動を支えた。篤胤が幕府の忌諱に触れて出羽国（秋田県）久保田藩に帰って後も、門人を統率しつつ、篤胤の江戸帰還に尽力した。篤胤の死後、復古神道の普及につとめ、ペリー来航後には海防献策を重ねた。また、江戸の久保田藩中屋敷に平田門の国学塾気吹舎を開き、天皇や朝廷を中心とした国家運営を説いた。この間、幕末の国事に関わる秘密情報を探索し、『風雲秘密探偵録』として久保田藩に提出した。

慶応4年（1868年）に新政府参与、神祇事務局判事、内国事務局判事となり、翌年に明治天皇の最初の侍講となったのである。その後、大学大博士となり、明治12年に大教正（明治初期の宗教政策で設置された宗教官吏である教導職の最高位）となり翌年に亡くなった。平田も公家ではなく、武家の家臣の子であり、学問を志して天皇側近となった国学者であった。

この二人のように、明治天皇の侍講はいわゆる象牙の塔の研究者というよりも、社会を積極的に変えようとするタイプの知識人が多い。

神道の平田延胤、洋学の加藤弘之

平田鉄胤の長男の延胤は、文政11年（1828年）に江戸に生まれ、父から国学と神道学を学んだ。祖父が仕えた出羽国久保田藩の江戸定府士（江戸に定住した藩士）となった。父とともに国学塾気吹舎を運営した。『風雲秘密探偵録』のための情報収集にもつとめ、戊辰戦争では倒幕、勤王の立場をとった。明治2年に神祇権少佑、翌年に少佑となり宣教判事を兼務し、さらに宣教権大佑となり、明治天皇の侍講もつとめたのであった。なお神祇権少佑とは祭祀などを司った神祇官の四等官（長官、次官、判官、主典《さかん》）の第三位の判官の地位で、判官には大佑と少佑があり、その少佑の権官の意である。宣教は神祇官の職位の一つで神道思想の普及を担うものであった。

加藤弘之は但馬国出石藩の藩士の子で、天保7年（1836年）生まれ。キリスト教オランダ改革派の宣教師であるグイド・フルベッキに学んだ。幕臣となり維新後は新政府に仕え、明治3年（1870年）12月に侍読となり、以後、毎週2、3回、欧米の政体や制度、歴史を進講させた。また皇后にも毎週1、2回、歴史、風俗の進講をした。加藤は国学や神道ではなく、洋学という新分野を担当したのである。その後、明治6年（1873年）結成の啓蒙思想団体で森有礼が主唱し、西周や中村正直、福沢諭吉らが会員となった明六社の会員となった。

『明治天皇紀』によれば同年1月24日に、福羽美静を二等侍講に、加藤弘之を三等侍講に、元田永孚を四等侍講に任ずとあり、福羽や元田とともに侍講となった。もっとも加藤は同年4月25日に元老院議官に転任しており3ヶ月ほどの在任期間であった。加藤は、はじめ天賦人権論を唱えたが、民撰議員設立尚早論で民権思想を批判するなど思想が急変したことでも知られる。のち帝国大学（現在の東京大学）総長などを務めた。

木村毅『明治天皇』によれば、『太政官日記』に明治4年（1871年）の廃藩置県後の明治天皇のカリキュラムがあり、3、5、8、10の日に『西国立志編』の進講を受けたとある。はじめ国学者の福羽美静が担当したが、のちに洋学者の加藤弘之が侍講となって福羽に代わった。『西国立志編』はイギリスのスマイルズの『Self-Help（自助論）』の邦訳で、訳者は加藤と同じ明六社会員でもあった中村正直だった。西洋古今の多くの人物の立志伝を述べ、西洋の個人主義的道徳を説いたもので、当時の青年の立身出世主義を鼓舞した書でもある。加藤はほかにもドイツのブルンチュリーの『国法汎論』を明治天皇に進講している。『国法汎論』は政治学の書であり、「陛下は全くブルンチュリーの国法汎論によって、憲法、三権分立、市町村自治制の大意を御会得になったのである」と、加藤は語っている。

明治天皇の「君徳」形成と元田永孚

福羽や加藤とともに明治8年（1875年）1月に明治天皇の侍講となった元田永孚は、文政元年（1818年）生まれ。熊本藩士で儒学者となった。幼少より『唐詩選』、『論語』など学び、時習館にて横井小楠らの感化を受けた。幕末には公武合体派で、公議政体論者であったが、王政復古の後は側用人兼奉行など歴任した。しかし、明治2年（1869年）に隠退して、私塾を開いた。その後、藩主の侍読などをつとめ、大久保利通の推挙で宮内省に出仕した。

元田は明治10年（1877年）に天皇の補佐や指導を目的とする侍補の設置を提議し、自ら侍講兼任の二等侍補となった。そして後述するように侍補勢力による天皇親政運動を展開するが、宮中勢力の政治への介入を嫌った伊藤博文らとの確執の結果、明治12年（1879年）10月13日、侍補は廃止され、天皇親政運動も下火となっていった。

しかし、仁義忠孝の国民道徳と天皇への忠誠とを説いた『幼学綱要』を編纂させて明治15年（1882年）に刊行したり、国民道徳の基本を示した明治23年（1890年）発布の『教育勅語』の起草に元田が関与したりするなど、元田への明治天皇の信任は厚かった。

元田は明治24年（1891年）に亡くなるが、儒教による天皇制国家の形成や、明治天皇の「君徳」形成に重要な役割を果たしたことは、沼田哲「元田永孚と天皇――「輔導」と天皇への影響を中心に――」(沼田哲編『明治天皇と政治家群像――近代国家形成の推進者たち――』)など沼田氏の一連の研究からもうかがえる。

伊地知正治と御談会と洋学進講

『明治天皇紀』によれば、明治8年(1875年)6月10日、伊地知正治が一等侍講に任ぜられたとある。当時、伊地知は参議であったが、病気となり辞官を願ったが、大久保利通が惜しんで、参議から侍講にすることで辞官をとどめた。伊地知は文政11年(1828年)、薩摩藩士の次男として生まれた。剣術や実戦重視の合伝流兵学を学び、薩摩藩の藩校造士館の教授となった。幕末の騒乱期に、伊地知は軍略家として知られ、禁門の変や戊辰戦争で活躍した。維新後は新政府にとどまり、参議、修史館総裁、一等侍講、宮中顧問官などをつとめた。ちなみに修史館は、明治国家の正統性と権威の確立のために発足した歴史編纂事業の母体であり、明治2年の国史編輯局が修史局となり明治10年に修史館となったものである。修史館はのちに東京帝国大学史料編纂所になる。

なお、伊地知は修史館総裁として明治11年(1878年)2月13日の御談会に参列した。

『明治天皇紀』には、福羽、伊地知のほか西村茂樹、西周らを召して御談会を毎月三の日午後二時から開催することとしたとある。皇族の有栖川宮熾仁、東伏見宮嘉彰（のち小松宮彰仁）、伏見宮貞愛、北白川宮能久も参加した。御談会そのものはすでに明治7年にははじめられており、その当時から宮内卿らは会に参列していた。

伊地知らが列席した御談会では西周が、「性理論」を講演し、「政党論」、「地質論」などを講述した。「性理論」は西が当時「philosophy」、つまり「哲学」と名づける前の用語であった。明治天皇は側近とともに、こうした最先端の洋学も学んでいたのである。

西村茂樹は佐倉藩士の家に生まれ、藩校で儒学を学び、のちに佐久間象山に洋学を学んだ。明治になって加藤弘之や西周と同じ明六社会員となり、文部省出仕となり加藤の後任の三等侍講を兼ねて、洋書の進講を担当した。西村は天皇に本文を素読させ、その後に意味を解説し、過去の歴史や政治にもふれて、理解を深めさせたという。

副島種臣と「舜堯」への道

副島種臣は文政11年（1828年）、佐賀藩士の枝吉家の次男として生まれた。藩校の弘道館教諭となり、佐野常民や大隈重信らを教えた。尊王攘夷運動にも奔走し、田中河内介、平田派の国学者、福羽美静らと交流があった。一方、佐賀藩は米国オランダ改革派教会のグイド・フルベッキを重用し、種臣も和漢学を教える傍ら、フルベッキから英語を学んだ。のち32歳で副島家の養子となり、維新後に外務卿などをつとめ、外交に尽力した。明治天皇の信任厚く、『明治天皇紀』には、明治12年（1879年）4月23日に宮内省御用掛兼侍講兼侍講局総裁となり、毎火曜日に明治天皇に『大学』、『中庸』、『尚書』を進講したとある。また毎木曜日には皇后にも進講し、その席には前年から『論語』を進講していた元田永孚も陪席し、副島の諸説を補助し、質問もしたという。

元田と副島の意見は必ずしも同じではなかったが、ともに「道を信ずること篤く、天皇をして堯舜たらしめんとするの誠意に於ては相異なることなかりしと云ふ」とある。「堯舜」とは中国古代で徳をもって天下を治めた明君である堯と舜のことである。古代中国の明君が明治天皇の理想像だったのである。

侍補と天皇親政運動

侍講が天皇の学問の補佐を担ったのに対し、侍補は天皇の日常の公私の活動の補佐や指導を担った。『明治天皇紀』によれば、侍補の設置は明治10年（1877年）8月29日で、この日、元老院議官の吉井友実と調査局長官の土方久元を一等侍補に、侍従番長の高崎正風を二等侍補に、同じく侍従番長の米田虎雄と侍従の鍋島直彬と山口正定を三等侍補にした。また、宮内卿の徳大寺実則が一等侍補を兼ね、三等侍講の元田永孚が二等侍補を兼ねたとある。

もともと侍補の名称は伊藤博文の考案によるもので、大久保利通が元田永孚に侍補の人事を相談していた。この日、侍補の任命ののち、明治天皇は彼らを召して、「正成孔明《まさしげこうめい》孰《いずれか》優《まさる》（楠木正成と諸葛孔明を比較し、どちらが優れていると思うか）」との題を出し、吉井友実と高崎正風は歌を、土方久元は詩を、元田永孚は文を、鍋島直彬と山口正定は文もしくは詩をもって、米田虎雄は詩歌を学んでいないので口語で答えよと述べた。皆感激して、これに答えたという。

同年9月11日には、当番侍補2人を毎夜「奥」（内廷）に召して、君臣の親和を目的とし内廷夜話を開始した。夜の7時から2時間、侍補2人が当番制で、天皇からその日の出来事を聴いたり、相談に乗ったりするのである。「隔意なく議論すべし」との方針で進められ、皇后も同席し、古今の政体、政事の得失などにも言及した。この内廷夜話は、「奥」の閉ざされた空間では女官や侍従試補のみが交流するだけなので、宮中の「表」（公的生活の場）との阻隔が生まれるため、その解決策として提唱され、侍補が「奥」と「表」の橋渡しの役割を果たそうとしたといえる。

その後、同年11月5日に福岡県士族の建野郷三が三等侍補心得となり、さらに23日に三等侍補となった。また翌明治11年3月5日には元老院議官の佐佐木高行が一等侍補を兼任し、侍補は10人となった。内務卿の大久保利通も、明治天皇が近代国家の君主として成長することを重視し、侍補の活躍に期待した。

他方、侍補の元田、佐佐木、高崎らは、天皇親政の実現をめざしており、その実現により侍補を天皇の補佐機関とする構想を抱いた。明治新政府の宮中と府中（藩閥を中枢とした政府）が分離されていることは、江戸時代の朝廷と幕府の関係と類似しており、明治維新の確立には宮中と府中の統一による天皇親政の実現が肝要と考えていた。

ところが、大久保が暗殺された直後に、侍補らは明治天皇に親政断行を願い、伊藤博文ら政府要人に対して、宮中と府中の一体化による天皇の政治的権限や侍補の政治的役割の強化を要求した。すなわち天皇は閣議に臨御し、侍補もこれに同席させようとしたのである。しかし府中分離をめざしていた伊藤らは、これに反対し、天皇の閣議臨御は認めたが、政治関与は容認されなかった。天皇と侍補勢力は、政治的実権を握る伊藤らの前に敗北したのである。この結果、政府と侍補との妥協策がなされ、佐佐木は海軍省御用掛、吉井は工部省御用掛を命ぜられた。

その後も、政府と侍補との勢力争いは続いたが、明治12年（1879年）10月13日、侍補は廃止された。以後も、旧侍補による天皇親政運動は余燼のごとくくすぶっていたが、実現することはなかった。しかし明治天皇は個人的には侍補に親近感があり、彼らが政治中枢から離れてのちも側近として重用し続けた。佐佐木高行の場合、明治17年に維新以来の功績で伯爵となり、明治21年からは枢密顧問官をつとめ、この間に明治天皇の皇子である明宮（嘉仁親王、のち大正天皇）、皇女である常宮（昌子内親王、のち竹田宮恒久王妃）、周宮（房子内親王、のち北白川宮成久王妃）の養育掛主任を任された。

伊藤博文とドイツ型立憲君主制への道

侍補らによる天皇親政運動は明治天皇の支援がありながらも、伊藤博文らのドイツ型立憲君主制体制構想に道を阻まれた。侍補らへの親近感を抱いていた明治天皇も、伊藤らとの確執と妥協から政治や軍事の問題を乗り越えていくことになる。

伊藤らがドイツに関心を示したのは、明治初期の岩倉使節団がドイツを訪問した際に、当時フランスとの戦争（普仏戦争）の勝利によりプロイセンを中心として統一国家となったばかりのドイツが、首相のビスマルクに率いられた力強い国家であったからであった。ビスマルクは国家の統一に必要なのは「鉄である兵器と血である兵士」であるとする鉄血演説で知られ、その「力の論理」に岩倉使節団の大久保利通、木戸孝允、伊藤博文らは強く共鳴したのであった。

他方、岩倉使節団が帰国したころの日本国内では、さまざまな政治思想が流入し混在しており、政府に対して、憲法の制定、参政権などを求め、人民を主体とした自由民権運動も高揚していった。こうした流れのなかで、政府は明治14年（1881年）に10年後の明治23年（1890年）に国会を開設することを約した「国会開設の勅諭」を明治天皇の名で発した。

国会開設に向けて、板垣退助を中心としたフランス型の自由党、大隈重信を中心としたイギリス型の立憲改進党などの政党が結成され、新しい憲法の制定と政治体制の確立の道を模索はじめた。しかしフランス型は君主のいない共和制であり、イギリス型は君主の権限が議会に制限されている立憲君主制であり、伊藤らの構想とは違っていた。

このため伊藤はドイツ帝国の憲法調査のためドイツに向かい、ビスマルク首相と面会し、ドイツ法曹界の権威であったグナイストや法学者のシュタインらからプロイセン憲法の歴史などの講義を受けた。

こうして伊藤は人民の権利を弱めたドイツ型の立憲君主制への道を進め、明治18年（1885年）に発足した内閣制度のもとで初代内閣総理大臣となり、明治22年（1889年）に天皇が制定した欽定憲法としての大日本帝国憲法が発布された。侍補らのめざした天皇親政国家ではないが、人民の権利を大幅に制限した天皇中心の立憲君主制国家が成立したのである。

明治天皇の政治家としての大元帥としての「起ち居振る舞い」は、伊藤らドイツ型立憲君主制国家をめざす勢力との確執と妥協から生まれていったといえる。儒学者らによる天皇親政運動に共鳴しながらも、伊藤に歩みよった背景に、明治天皇の巨視的な政治判断とその根底にある「帝王学」が働いていた面はあったろう。いうまでもなく、伊藤は旧長州藩士の出身で、ほかの侍講、侍補らの多くと同様に、旧藩士出身の子弟が幕末の動乱のなかで身につけた学問や思想によって明治天皇の教育や新政府の政治運用に参与した人材のひとりであった。すなわち、侍補の元田永孚ら、侍講の佐佐木高行ら、そして総理大臣の伊藤博文らは、孝明天皇の教育に携わった伝統的な公家勢力とは異なる新時代の天皇の教育者であり、側近だったのである。

第4章

健康と道徳が優先された大正天皇

漢詩と和歌の才能があった大正天皇

大正天皇は明治12年（1879年）8月31日生まれで、大正15年（1926年）12月25日に亡くなった。数え48歳（満47歳）であった。称号は明宮、諱は嘉仁。幼少期から病弱であり、近年までは「遠眼鏡事件」（帝国議会の開院式で詔書を丸めて議員席を覗いたという伝承）のため、精神状態に問題があった愚昧な天皇のイメージが流布していたが、原武史や古川隆久、F・R・ディキンソンらの実証研究などにより、家庭的で人間味のある天皇で、漢詩や和歌も数多く遺していたことが明らかにされてきた。

漢詩は、生涯に1367首遺している。宮内庁書陵部には『大正天皇御集』（昭和12年作成）が保管され、また木下彪謹解『大正天皇御製詩集謹解』も刊行されている。これらを整理してまとめたものが石川忠久編著『大正天皇漢詩集』であり、作品の完成度と天皇としての立場にふさわしいものという観点から、明治29年から大正6年までの268首を選び、それらに訳と解説を付している。自然や風景や日々の雑感などの漢詩に交じり、戦争の歌もいくつかある。天皇となった大正4年には、当時珍しかった「飛行機」と題した七言絶句も作った。

凌空倏忽緲天程　上下四方随意行　此物如今稱利器　應期戰陣博功名

（空を凌いで倏忽《しゅくこつ》天程緲たり　上下四方随意に行く　此の物如今利器と称す　応に戦陣に功名を博するを期するべし）

大意は、「あっという間に空を凌いで上昇すると、そこは空の道が果てしなく広がり／上下四方ともさえぎるものなく、自由に飛ぶことができる／この飛行機というものは今や大変役に立つ道具といわれている／戦場ではきっと戦果をあげてくれるものと期待される」（石川忠久訳）となろう。ライト兄弟が飛行機を発明したのが明治36年（1903年）のことであり、大正3年（1914年）の第一次世界大戦以後に実戦で使われるようになったということを考えれば、大正4年に詠われた大正天皇のこの漢詩の内容はかなり先駆的であったといえる。

他方、大正天皇の和歌は465首が公刊されている。明治天皇が10万首（歴代天皇のなかでも最多）、昭和天皇が1万首の和歌を遺しており、数は少ないが、九条節子と婚約した当時に詠んだ以下のような贈答歌があり、大正天皇の感性の細やかさが伝わる。

沼津御用邸にて庭前の松露を拾ひて

はる雨のはる丶を待ちて若草のつゆよりなれる玉拾ひつ丶

その松露を節子に贈るとて

今こ丶に君もありなばとも〴〵に拾はむものを松の下つゆ

食用の茸である松露を嘱目とした和歌であり、岡野弘彦は『大正天皇御集 おほみやびうた』の「解題と解説」で、天皇も近代的、軍国的になった時代に婚約者であった「節子に贈られた相聞歌であるところがめずらしい」と評している。

大正天皇の和歌は明治29年から大正10年まであり、なかでも大正3年から4年の和歌がもっとも充実していたという。大正4年には葉山御用邸あたりと思われる遠浅の海岸で潮浴みする家族の様子を詠った歌がある。

こどもらの手を取りながら親もまたしほあみすなり浦の遠あさ

林望は『大正天皇御集　おほみやびうた』の別冊・栞の「大正三・四年の豊穣」のなかで、「こういう歌境は、大正天皇の独壇場だと言ってもよいかと思われる」と書いている。

病弱の皇子

大正天皇が生まれながらに病弱であり、青年期以後、健康な時期が続いたが、天皇になってのちに体調を崩したことは、よく知られる。体調を崩した天皇は、摂政を置いて静養生活に入り、在位15年、数え48歳で亡くなった。

大正天皇（明宮嘉仁親王）の病気については、公式発表では、生まれた時の「脳」に起因するとされ、それが後年になって再び悪化したとされる。大正10年（1921年）11月25日、皇太子裕仁が摂政に就任したとき、宮内省は第5回の病状発表をしたが、それによれば、大正天皇は生まれた時に脳膜炎様の大病になり、以後、病気がちで、感冒はしばしばで持病ともいえた。腸カタル、気管支カタル、百日咳、腸チフス、胸膜炎などに悩まされたが、壮年期になって12、3年ほどは健康であった。しかし践祚してのち多忙な政務のため疲労が重なり、大正3、4年ごろから心身の不調が続いたという。

誕生の時の脳膜炎様の症状が生涯のものであったかどうかについて、原武史『大正天皇』

は疑問を投げかけているが、生まれてから青年になるまでの時期、天皇となってから数年後の時期に、充分な活躍ができなかったのは事実であった。

このように健康上の悩みをかかえていた大正天皇は、教育を受けるべき幼年期や少年期にどのような教育を、誰に受けたのだろうか。

明宮の養育掛と「御相手」

明宮（大正天皇）の養育掛というべき人びとのうち、誕生して後の時期には、明宮御用掛に香渡《こうど》晋《すすむ》、萬里小路博房、長谷信篤、徳大寺実則、高辻修長、嵯峨実愛、明宮出仕に勘解由小路資生、明宮祗候に嵯峨公勝、伊達宗城《むねなり》、園池公静らが任命されている。香渡晋、伊達宗城のほかはかつての公家の出身者であり、伝統的な朝廷社会の延長にある人脈であったといえる。

香渡は伊予国（愛媛県）の大洲藩の支藩である新谷藩の藩士であり、幕末に活躍し、岩倉の抜擢で宮内省に入り、中山家の家政に関わり、柳原愛子の明宮懐妊で、明宮御用掛になった。また、伊達は、元伊予国宇和島藩8代藩主であり、維新後も大蔵卿など要職をつとめ、この当時は政界から引退していた。

また、明宮御用掛や明宮出仕には女子もおり、掌侍正六位だった石山輝子、宮内省七等出仕権命婦正七位だった堀川武子、中山忠能の六女であった中山栄子らの名が残る。出仕女官は主として御膳供進並びに御服裁製の事を司り、常侍奉仕にあたった。なお、石山輝子は、石山基文（羽林家、子爵）の長女で、のちに大伴義正夫人となる。堀川武子は昭憲皇太后付の命婦で、のちに権掌侍となり、明治40年2月に亡くなった。中山栄子はのちに庭田重胤《しげたね》（羽林家、伯爵）の養女になる。

一方、のちの「御学友」につながる明宮のはじめの「御相手」は、明宮が満4歳（数え5歳）となった明治16年（1883年）10月30日に選ばれ、隔日2人ずつが明宮の遊び相手となった。このときは、華族の子弟4名から、数え6歳の東久世秀雄、5歳の東久世成根、6歳の大河内正敏、6歳の竹園康長《みちなか》が選ばれ、成根は幼少の理由で9歳の正親町董次郎に代わった。

東久世秀雄は、七卿落ちで長州に逃れた尊王攘夷派公卿のひとりとして知られる東久世通禧の四男である。東久世家は公家の羽林家で、維新後は伯爵となった。四男の秀雄は分家して男爵となり、東京帝国大学を卒業して農商務省に入って後、帝室林野局事務官や皇后宮主事、内匠頭などをつとめた。

また大河内正敏は、上総国（千葉県）大多喜藩主であった大河内正質《まさただ》の長男で、のち旧三河国（愛知県）吉田藩主家の大河内子爵家の養子となる。学習院初等学科時代の明宮の御学友ともなり、東京帝国大学を卒業して、理化学研究所所長として活躍した。

正親町董次郎は正親町公董《きんただ》三男の季董《すえただ》のことである。父の公董は中山忠能の次男であり、明治天皇生母の中山慶子の弟にあたる。つまり明宮と董次郎は従兄弟同士であった。正親町家は公家の羽林家であり、公董は左近衛権中将、陸軍少将などをつとめた。維新後に伯爵となり、正親町家は弟の実正《さねまさ》が継ぎ、三男の季董（董次郎）は分家して男爵となった。なお、実正は大正7年から10年まで大正天皇の侍従長をつとめた。

この「御相手」は明治17年（1884年）9月22日に増員され、松浦《まつら》復《ふく》、小出英延《こいでふさのぶ》、堀河親清《ちかきよ》が、先の4人に加わり、計7人を3組に分ち、5日置き7日ごとに出勤した。服装は羽織袴、あるいは洋服着用であった。

松浦復は明治6年生れで、明宮の6歳年長、肥前国（佐賀県と長崎県）の平戸松浦藩主の松浦詮《あきら》の六男であった。その後、最初の「御学友」ともなる。安房国（千葉県）の長尾藩主家の本多正憲子爵の養子となり、本多正復《まさもと》と改名した。明治43年から大正15年にかけて東宮侍従、昭和14年から同20年まで侍従次長、昭和戦後は明治神宮宮司をつとめた。

小出英延は明治11年7月生れで、明宮より1ヶ月年長であった。丹波国（京都府と兵庫県の一部）の園部藩主で子爵となった小出英尚《ふさなお》の長男で、明治17年に家督を継ぎ、のちに宮中祭祀を司る掌典となり、その四男の英忠《ふさただ》も戦後の宮内庁の掌典職についている。

堀河親清は明治10年生れで、明宮の1歳年長、公家の羽林家の堀河親賀《ちかよし》の四男。のちに兵庫県士族の池田鶴の養子になった。堀河家は維新後に子爵となり、親清の叔父で明治天皇の侍従の康隆が子爵家を継いだ。

総じて、明宮の「御相手」は維新後の華族子弟から選ばれ、その出自は公家、武家、僧侶などであった。みな年長の男子であった。そして、それぞれのその後の進路は多様であり、大河内は大正天皇の学習院初等学科時代の「御学友」となり、理化学研究所の所長として活躍する。東久世、松浦（本多）、小出などはのちに宮中の要職につき、正親町や堀河もその家の当主が宮中の要職についた。

『幼学綱要』と『片仮名手鑑』

明治17年2月4日、明宮数え6歳のとき、明治天皇から『幼学綱要』を2部贈られた。そして東久世、大河内、竹園、正親町ら「御相手」たちも1部手にしている。

『幼学綱要』は、明治12年(1879年)に明治天皇が侍講の元田永孚に作成を命じたもので、明治15年12月に上梓(出版)された道徳書である。年少就学の規範として、孝行・忠節・和順・友愛・信義・勤学・立志・誠実など20の徳目を掲げ、四書五経などから語句を引用しつつ、中国や日本の歴史事例などで解説している。元田は、知識を与えられる前の幼少時に仁義忠孝の徳目を内面化させることが教育であり、徳目の事例や四書五経の語句などを暗誦できるまで反復させる必要があると考え、『幼学綱要』を編纂したという。この『幼学綱要』はのちの『教育勅語』の基礎となった。

そして同年5月2日には、近衛忠熙執筆の『片仮名手鑑イロハ五十音』1帖が贈られた。近衛はかつて孝明天皇(統仁親王)の教育主任ともいえる東宮傅をつとめたことは前述したが、『明治天皇紀』の安政4年(1857年)4月2日には、禁苑(皇居内の庭園)に建設された茶亭を「聴雪」と名づけ、その扁額を左大臣の近衛忠熙が書いたとある。また、慶応3年(1867年)6月27日に、皇后(昭憲皇太后)の入内前の準備として近衛が歌道の師範をし、有栖川宮幟仁親王が書道の師範をしたとある。近衛は書や歌の師として崇敬されていた。

御学問所での教育スケジュール

明治18年3月23日、明宮は中山邸から、新たに建てられた青山御所内の新たな御殿に移った。そして、ここが明宮の御学問所となった。

明治天皇は侍講の元田に命じて、学則と日課表を作らせた。その主眼は、「親王教育の御徳性を自然に涵養し、知識を漸次に発揚する」ことにあり、「教官をして規則に拘泥することなく、遊戯中にも教訓を寓し、緩急宜しきを制し、序に順つて学業の漸進を期せしむるにあり」とした。明治天皇は、まだ幼く、体質虚弱の明宮の能力に応じた教育指導を求めたのである。「遊戯中にも教訓を寓し」とあるように、知識より帝王学につながる道徳が重視された面がある。

こうして日課が定められ、午前9時より11時までに読書(『五十韻単語篇』)、修身(『幼学綱要』ほか)、習字(カタカナおよび数字)、数学を30分ずつ。午後2時より2時間の運動、隔日に午後1時30分より30分間の唱歌となった。これらは近衛、高辻、勘解由小路らが担当した。唱歌は女子師範卒の堤松子が受け持った。堤は公家の名家の堤功長の長女であったが、新時代の音楽教育を受けてもいた。しかし、唱歌については、明治天皇が、一般の学校の唱歌にある「雀」、「烏」などは用いさせず、古長歌の類より元田永孚、西村茂樹、高崎正風らに歌詞を選ばせ、堤に作曲させている。明治天皇の儒学尊重主義が、明宮の新時代の精神の受容に大きなブレーキになっていた面はあった。

このような状態のなか、宮内大臣であった伊藤博文は、将来の天皇には正則の小学教育を受けさすべきであると森有礼文部大臣に諮り、旧教育法を排して新教育法に代えるため、当時文部省編輯局で新たな小学生用の国語教科書である『読書入門《よみかき》』を編集していた湯本武比古《たけひこ》を明宮御用掛に抜擢した。

湯本は信濃国下高井郡科野村（長野県中野市）出身で、旧公家でも旧藩士でもない家柄から長野県師範学校飯山支校に入学し、東京師範学校に進み、文部省に入った教育者であった。いわば、新時代の知識や技能をもった教育の専門家でもあった。『明治天皇紀』は「一属僚を延いて皇儲《こうちょ》（天皇の跡継ぎ）の教育を託するが如きは、極めて異数（特別）の事」と記している。

湯本の明宮への教育は、午前は30分ずつの読書、習字、算術、午後は御殿内の庭園散歩で、散歩はのちに体操に代わり、兵式体操などをした。兵式体操は、学校教育に導入された軍隊式の体操であり、柔軟体操、操銃法、部隊教練などで、軍隊式の集団訓練によって「順良」、「信愛」、「威重」の三気質を養おうとしたものであり、のちに「教練」と呼ばれた。明宮の時代には、皇太子も将来は軍人となることが定められており、明宮への教育も乗馬はじめ軍事的な訓練が取入れられていった。

なお、湯本はその後、明宮が学習院に入学すると教授となり、さらにドイツに留学して皇族に関する教育などを研究し、帰国後に東宮御用掛となるなど、明宮の初期の学校教育に尽くしたのである。

はじめて学習院に入学した天皇

大正天皇の学びとたしなみについては、学習院にはじめて入学した皇太子であったことが特筆されよう。その在学中に、皇太子となった儀式の立太子礼があり、さらに明治以後の皇族は原則として軍人となるため、陸軍歩兵少尉に任官する。また東宮職も設置された。しかし、皇太子は学習院初等学科6年を終えて中等学科に進んだが、そのまま学校教育を受ける理由が疑問視されて中退することとなった。

近代的な学校教育システムを導入した学習院に入学した最初の皇太子であった大正天皇と、かつて学問を家業とした公家らによる個人指導で学んだ孝明天皇、幕末から維新期にかけての儒学者や洋学者らの個人指導で学んだ明治天皇との学習の違いは、大正天皇が近代的で体系的な教育を受けた新時代の専門家による組織的集団指導のなかで学んだことにある。

その利点は、その時代の最先端の普遍的な知識や思想などを多くの同時代人と共有しうること、また同年代の人びとと同質の知的環境を共有しうること、その同年代の人びととの人間的な接触を可能にすること、などがあげられよう。

世界に窓を開いた日本の将来の天皇となる人物が、その時代の世界的な知的環境に無知であり、かつそうした知識を得ている人びとと共通した時代認識が持てなければ、天皇のみが精神的に遊離した存在となり、国民との精神的結びつきも弱まってしまう。それを考慮すれば、天皇もまた近代的な学校制度に準拠した環境で学習を進めることは、重要であった。

大正天皇以後の歴代の天皇たちが、皇孫時代や皇太子時代に一般社会の学校制度に組み込まれ、多くの同時代人と共通する学習内容を重ねることには、天皇と国民との間の精神的同一性の育成にも大きな意味があった。

他方、同年代の人びととの知的優劣などが比較されてしまうことなどは、欠点ともいえた。

そして、身分差や経済格差のあるなかで、皇孫や皇太子が、一般国民と無制限に同じ環境で学ぶには、その教育指導のあり方や、交遊、警護などに少なからぬ問題があり、身分制度が明確であった戦前であれば、皇孫や皇太子のための特別な学習環境が設定される必要はあった。そして、戦前においてそうした特別環境に適合した学校が、学習院であった。

学習院の起源

学習院は、もともとは皇族のための学校ではなかった。弘化4年（1847年）に京都御所日御門前に公家の教育機関として開講された学習所（京都学習院）をその起源とした。嘉永2年（1849年）には孝明天皇より「学習院」の額が下賜された。この「学習院」の名称は論語の「学而時習之、不亦説乎」（学びて時にこれを習う、またよろこばしからずや）によるとされる。幕末には、中納言の三条実美と情意投合した尊王攘夷論者らも集まり、長州藩の高杉晋作、桂小五郎らは長州藩より任命された学習院御用掛として参加していた。その後、文久3年の八月十八日の政変により長州藩勢力が退き、公武合体派の時代となり、学習院の政治的結集力も低下したが、慶応3年（1867年）まで講義は続いたという（学習院『開校五十年記念　学習院史』）。

明治元年（1868年）に京都にて学習院は復興し、のち大学寮代、漢学所と改称され、明治10年（1877年）に東京神田錦町に私立の華族学校が設置され、明治天皇が臨席して「学習院」と名づけた。学習院ははじめ華族会館経営の私立学校であったが、明治17年（1884年）に宮内省管轄の官立学校となり、華族子弟を中心とした学校教育を進めた。当時、一般国民は学制、教育令などにより近代学校制度で学ぶ体制が出来つつあったが、学習院はこれらとは別に華族を中心とした特権的な上層階級の子女を対象とする特別教育がなされた。

学習院は当初、新時代を担う華族子女のための学校として発足したが、のちに皇族も入学するようになる。そのはじめは明治14年入学の博恭王（華頂宮、のち伏見宮）と守正王（のち梨本宮）であった。皇太子としての最初は明宮嘉仁親王（のち大正天皇）で、次いで迪宮《みちのみや》裕仁親王（のち昭和天皇）、継宮明仁《つぐのみやあきひと》（のち平成の天皇、上皇）と続いた。

もっとも明治期においては皇族や華族は、各家庭で個人教授を受ける事例が多く、入学時期も退学時期も自由で、女子であれば結婚前に早々と退学したりした。男子も皇族であれば陸海軍軍人となるため、卒業を待たずに軍学校に転入したりした。当時、学習院には大学がなかったので、東京帝国大学や京都帝国大学に進学する華族も少なくなく、学習院から京都帝国大学へ進学した近衛文麿や木戸幸一などは有名である。

学習院入学

大正天皇は明治20年8月31日の満8歳（数え9歳）の時に、儲君《ちょくん》（側室の子であったが皇后との子として認められ、皇位継承者となる）となり、9月19日に学習院予備科5級（初等学科2年級にあたる）に入った。

その後、皇太子となり、曽我祐準《すけのり》が御教育（御教養）主任となる。そして明治27年7月に中退するまで、湯本武比古が授業を担当し、のち丸尾錦作がその後任となった。

この間、履修した学科には、丸尾教授が担当した修身、国語、算術、動物植物、鉱物、物理、地理、須磨英一助教授が担当した図画、小此木辰太郎助教授が担当した習字、納所弁次郎助教授が担当した唱歌、松岡寅男麿学生監助手が担当した体操などがあった。

なお教育主任であった曽我祐準は筑後国（福岡県）柳河藩士の次男で、学問や武道を好み、砲術や航海術を学び、箱館戦争では海軍参謀として出征した。さらに陸軍少将となり、陸軍士官学校校長などをつとめたのち、軍籍を離れて明治21年に大正天皇の教育主任となったのであった。

曽我の前任の御教養主任は、土方久元、ついで佐佐木高行がつとめた。土方も佐佐木も旧藩士出身で、元田永孚らとともに天皇親政運動を推進した勢力であった。曽我も旧藩士出身ではあるが、陸軍内の長州閥に対抗する反主流派の軍人として議会開設など求める建白書を提出するなど、侍補グループとは異なる政治的立場にあった。

明治天皇は曽我の就任にあたり、侍従長の徳大寺実則に相談し、徳大寺は曽我が参謀本部次長であったときの参謀本部長である有栖川宮熾仁に曽我の人となりを質して、これを決定したという。このとき曽我は、伊藤博文から学習院長兼務も諭されたが、御教養主任の重責を思い、兼務を辞している（『明治天皇紀』明治21年4月5日）。

授業を担当した湯本については前述したが、後任の丸尾錦作は、美濃国（岐阜県）の加納藩士の長男で、幕末には水戸藩の天狗党に関わった。維新後に学問に励み、東京師範学校の小学師範科を首席で卒業した。明治15年9月より学習院で華族子弟の教育に携わり、皇族の梨本宮守正王などの担任ともなった。その後、旧肥前平戸藩主の松浦詮私設の猶興館中学校の学長となるも、明治22年に欧州に留学した湯村に代り、学習院教授として大正天皇の担当となった。東宮職御用掛も兼ね、のち東宮侍従などもつとめ、大正天皇の信任を得た。

丸尾は旧藩士出身ではあるが、師範学校で近代教育を学んだ専門家でもあり、新時代の逸材でもあった。もっとも、丸尾は明治天皇から大正天皇の教育に関しては元田永孚に相談するように指示されており、明治天皇の元田への信頼と儒学教育への拘泥が続いていた面はあった。丸尾は近代教育と明治天皇の儒学への拘泥という問題をうまくこなしながら、大正天皇の教育に続いて、大正天皇の長男で皇太子である迪宮（昭和天皇）、次男の淳宮《あつのみや》（秩父宮）、三男の光宮《てるのみや》（高松宮）ら皇孫の養育掛ともなった。丸尾の教育態度は厳格でその厳しさが評価されていたという。

学習院での「御学友」

なお、明宮の学習院入学にともない、「御相手」の制が廃止され、「御学友」の制となった。はじめの「御学友」は「御相手」でもあった松浦復や松方乙彦《おとひこ》（旧薩摩藩士で蔵相の松方正義伯爵（のち首相、公爵）の七男）など華族の子弟13名が選ばれた。みな大正天皇より年長か同年であった。

この「御学友」はしばしば異動があり、明治23年6月には松方らに代えて、岩倉道倶《みちとも》（旧羽林家の故岩倉具視（没後に公爵）の四男、のち分家して男爵）、甘露寺受長《おさなが》（旧名家の甘露寺義長《よしなが》伯爵の長男、のち明宮の東宮侍従をつとめ、伯爵家を継承して昭和天皇の侍従などをつとめる）らが加わった。なお、松方らは罷免にあたり双眼鏡を贈られた。

在学中のライフスタイル

『大正天皇実録』によれば学習院在学中の大正天皇は休みも少なく、毎年無事に進級していた。一方、学内での学業よりも校外の行啓の記事が多く、主な活動の過半は、将来の大元帥としてのふるまいの前提となる軍事関連行事や軍関係施設への行啓などに費やされたことがわかる。こうした行啓は健康増進にもつながり、このころ大正天皇の体重も増えていたという。一般学生と学科の成績を競うよりも、健康増進と将来の大元帥としての立居振る舞いの所作が重視されていたのである。

たとえば入学翌年の明治21年には、陸軍始観兵式陪覧、南豊島第一御料地遊歩、同級生との陸軍士官学校見学のほか、工科大学の音楽会に陪席した。学習院の帰途に近衛連隊に立ち寄ったり、靖国神社内の遺品館である遊就館にも立ち寄り宮内官らの武道場である済寧館では撃剣を見学したりもした。

なおこの年は百日咳にかかり、休学もした。このときに浅田宗伯ら皇漢方医に代えて、池田謙斎らの西洋医学に切り替えた。百日咳が癒えて、箱根転地療養に入り、向島百花園、江ノ島などでも遊んだ。一方、「排気鐘（硝子鐘）」を学習院より取り寄せて真空状態で種々の実験を行い、御学問所で器械掛の山本慶太郎に実験させ、2時間にわたり熱心に観察したりもしていた。また、鎌倉の円覚寺、建長寺、鶴岡八幡宮、長谷観音など参拝し、護良親王の偉業を偲んだりもした。

明治22年には熱海に避寒している。曽我祐準の進言で明治天皇は熱海への避寒を許可したのである。病弱の大正天皇は、避寒避暑が恒常化し、晩年まで冬と夏の東京にいることが少なかった。天皇になって後も、誕生日である天長節の8月31日には暑い東京を避けて日光などで過ごし、涼しくなった10月31日を天長節祝日として東京で祝ったりしたほどであった。

避寒地の熱海では学習院と同様の学業がなされ、毎時間に鈴が鳴らされ、御学友とともに講義を受けた。湯本武比古が3日間、算術、作文、唱歌、修身、読書、書取、実習、習字を担当し、試験も行った。また、大正天皇は近傍の山野で銃猟、海浜では引網などを楽しみ、伊豆山で遊んだりした。この結果、明宮の体重も増え、健全な発育がみられたという。

この年は、学習院の帰途に陸軍乗馬学校を見学し、靖国神社境内の競馬、上野競馬会場での母衣引など観覧するなど、自らも乗馬訓練に励んだ。乗馬訓練は、明治19年に50回、20年に105回、21年に35回であったが、22年には121回に達したという。

海軍施設も行啓し、横須賀造船所を見学し、横須賀鎮守府にて軍艦浅間に乗艦した。この年に湯本が皇族に関する教育学とその方法の研究のため満3ヶ年のドイツ留学を命ぜられた。今後の大正天皇の教育方針を定める意味もあったろう。

このころ大正天皇自身は静岡県興津に避暑し、清見寺で逗留しながら、はじめての海水浴も試みた。また興津の近隣の清水港に寄港した軍艦天城に乗艦し、艦内の装備や乗員の諸作業を見学した。その後も、国府台の陸軍教導団にて騎馬障碍飛越など見学し、病院各室で患者に言葉をかけ、庭で空砲発火（実弾ではない銃の発砲）を試み、これが日課となった。将来の大元帥としての基礎的な知識や技能にはふれていたのだ。

この年の11月3日に立太子礼があり、東宮職や東宮武官が置かれ、曽我祐準が東宮大夫となった。翌日、大正天皇は近衛歩兵第一連隊付となり、軍服の正装にて近衛師団司令部や近衛歩兵連隊兵舎などを行啓した。

5日には立太子後、はじめて学習院に通学し、7日から9日まで学習院の定期小試験を受けた。科目は修身、読書、作文、唱歌、算術、庶物（書物ではなくさまざまな事物を観察したり触れたりする学び）、習字であった。その後、乗馬が学科のひとつとされ、以後、毎週火・木・土の3日は、東宮武官渋谷在明の教授を受けた。渋谷は旧和歌山藩士の家柄であり、騎兵少尉となり、明治19年に陸軍大学校を優等で卒業している。明治22年より明治24年まで東宮武官をつとめ、のち騎兵第1旅団長など歴任して、宮内省主馬頭、宮中顧問官になっている。

「御健康の弥増に加はらせられたる事」

明治23年には避寒のため熱海に滞在し、丸尾錦作の教授で午前9時より午後3時までは学習院同様の学習をなし、放課後に凧あげなどをした。熱海梅園や伊豆山では雉子や鶉などの銃猟を行った。銃猟は明宮の趣味のひとつであり、のちに徳川慶喜などとも連れだって狩猟に興じている。

この年、学習院生徒を招き、赤坂離宮内広芝で運動会を催したりもした。大正天皇の学習院在学中には「桜花爛漫たる候」を選んで、毎年この催しをしたとある。

この年の夏季休暇には、7月27日から避暑のため静岡県興津の清見寺に19日間逗留、午前7時半より丸尾が侍して2時間ほど学習し、その後は海水浴や海浜遊歩に励んだ。清水港に入港する軍艦を遠望するなどし、ときに乗艦し戦闘操練などを見た。

教養主任の曽我祐準が明治天皇に提出したこの当時の大正天皇の学業報告書によれば、「武芸科に在りては御体操の外は、此学期間より始めさせられたる者《ママ》とす。御乗馬の如きは従来往々遊ばされたる事なきに非ずと雖も、唯運動的の御遊戯に過ぎざりき。一定の教則に基づき御修業在らせられしは、実に二十三年一月七日を以て初めとす。小銃演習は主として空砲発射にして、是亦二十二年十月七日より御課業として初めさせらる」などとある。遊戯ではなく教則に基いた乗馬や小銃演習がなされており、これは将来の大元帥たる基礎教練になってもいたのである。

また「本学期に於て最慶賀」すべきこととして、「御健康の弥増《いやまし》に加はらせられたる事是なり。現に此一年間には御違例の為め学習院の御欠席は、僅かに十七日に過ぎず。是を前年の御違例数月に渉るものに比すれば、霄壌《しょうじょう》啻《ただ》ならず（天と地の差がある）」とある。欠席日数が減ったことが一番の喜びであり、学業成績の優劣はあまり問題にされなかった。

四谷新校舎時代

明治23年9月11日、学習院は神田より四谷新校舎に移って始業式があり、大正天皇は初等学科第4年級に進級した。東宮御所内では乗馬、体操、射撃を日課とし、夜は諸学科の復習につとめた。10月には赤坂離宮御苑内馬場に学友らを招き、甲乙2班に分かれ乗馬姿勢、運動の熟否などを採点する乗馬競技会がなされた。大正天皇は甲班に属し、平均79点で一等入賞した。また11月には神奈川県根岸の秋季競馬場に行啓し、優勝馬に賞を贈った。12月には在京陸海軍現役将官らを午餐に招き、運動場にて狭窄《きょうさく》射撃（火薬を少なくし室内など狭い場所で行う射撃）や弓の相手をさせた。その後も赤坂離宮での近衛将校や侍従らによる天覧打毬を陪覧したり、梨本宮守正王や御学友らと、赤坂離宮御苑内馬場にて乗馬、体操、狭窄射撃などの競技を行ったりした。大正天皇は体操、狭窄射撃でそれぞれ一等、乗馬で二等となっている。

明治24年には熱海に避寒し、学習院での修学と同様に日々5時間ずつ学習した。とくに曽我より学んだ「軍政の大意」を熱海でも学びたいとの希望により、1週2時間ずつ学習し、近衛師団、鎮守府などの編制、歩兵や騎兵などの配置、陸海軍政の概略を修学した。また毎夜、陸軍柔軟体操を練習し、歴代天皇の諡号の読み方や、神武天皇や後醍醐天皇らの歴史画なども習った。

丸尾によれば、大正天皇の体力や健康は増進し、健脚で郊外散歩では鳥銃で雀や鵯を撃ったり、登山もしたりしており、熱海の気候は大正天皇の健康に適しているとある。また、大正天皇は明治天皇や昭憲皇太后の風邪や、学習院での感冒伝染の心配をするなど、「御孝心深く」、「御仁慈」に渉らせらるともある。そして、大正天皇は53日の長き滞在なれど1日も病気にならず、東京とは異なった風俗や景色のなかで感覚を新たにしたことも多いだろうと伝えている。

この年度の学業成績は丸尾がまとめ、曽我と東宮武官長の奥保鞏より天皇に提出された。丸尾によれば、「本年度殿下御修学の上に於て最も賀し奉るべきは御健康に渡らせられ、本学年中は一日の闕席もあらせられず」とあり、感冒の流行で学習院学生の三分の二が罹患し、無欠席の学生は25名で、その一人であったことは「恭賀の至に堪へず」と、大正天皇の健康増進への関心が第一であった。また、「至善の御徳厚く仁慈の御心深し」と、将来の君主としてふさわしい性向であることの喜びを伝えている。また、学課については、「御歴代天皇の聖徳仁慈及び皇子諸王の御事蹟等は、時々講話し奉れり」と、皇室の歴史への関心の深さを特記している。

明治25年も避寒のため熱海に行啓した。56日間滞在し、運動、日課のほか君徳御涵養につとめる。また頼朝蛭が小島への遠島後、臥薪嘗胆し平家を倒して鎌倉幕府を開いた話のほか、楠木正成の忠節、秀吉の立志伝など学ぶ。丸尾より、徳育涵養のため丸尾が歴代天皇および皇族の聖業懿徳につき進講したものから編纂した「千代乃鑑」を贈られたりした。

春には習志野原御猟場にて遊猟し、捕獲した雉子・兎10羽を天皇皇后に贈った。また青山練兵場にて近衛砲兵連隊の繋駕《けいが》（車に馬をつないだもの）教練、空砲発火演習などをしている。5月に奥保鞏東宮武官長より孝行の大綱などの進講があり、6月には忠節本義、忠臣のほか、『幼学綱要』の篇目に関し進講があった。そして、以後、これらの進講がしばしばなされた。

この年度の学業報告書が、学習院教授東宮職御用掛丸尾錦作によりなされ、武芸科では、馬術、小銃射撃、体操などを学び、「文武両課倍々御精励被為在、本年四月御風気に罹られし為め、僅に四日間御欠課あらせられたるのみ」、「文武両科に亘り著しく御進歩あらせられたる状を拝すべし」とある。しかし、その成績については特に記されていない。また、徳育について「殿下の御特性は仁慈の御心に富ませらるるを以て、全院学生は景仰の念倍々深く」とあり、さらに智育の国語課、数学課、理学課、芸術課は「本学年間の御進歩著しく御上達あらせられたり」とあるが、どのレベルなのかは記載されていない。

11月3日、大正天皇は陸軍歩兵中尉に昇進するが、「親王未だ特に武官の業を修め給はず、寧ろ現級に留め給はんこと親王の為に可ならんと」と昇進に疑義が呈されていた。結局、「御成年の時に当り少佐に御陞任あらせられ度き旨を奏せるに由りて」との理由で、そのまま昇進させた経緯があった。軍事施設などの行啓を重ねたり、乗馬したりはしていたが、軍人としての技量はあまり芳しくなかったようだ。

そして12月2日に腸チフスとなり、翌明治26年1月31日まで寝込んでしまった。2月3日に神奈川県葉山村の有栖川宮別邸に転地し、海水温浴、運動、横須賀行啓などで体力回復につとめ、ようやく3月16日に学習院に通学した。

ちなみに『大正天皇実録』には、このころ発刊された「オーストリア・ハンガリー国新聞」の抄訳「日本皇太子の教育」があり、皇太子の教育は「従来の慣習を改め」、「十四歳に達せんとする皇太子明宮は欧風の軍服を着し、欧風の組織せる華族学校に通学し、規則正しく授業を受け、皇帝は毎週殿下の得たる成績表を検査し給へり」とある。そして「華族学校に勤勉の上、三ヵ年間別に欧語を学び、しかる後、見聞を博ふせんがため、一両年間欧州に遊ぶべし」とあり、大正天皇の渡欧が予定されていたと伝える。実際、大正天皇も明治32年に「夢遊欧州」の漢詩を詠み、ロンドンやベルリンを見物する夢を描いた。大正天皇の渡欧は実現しなかったが、次の昭和天皇の課題となって残った。

初等学科卒業と中等学科中退

明治26年7月15日、大正天皇は初等学科を卒業した。学習院長の田中光顕は、大正天皇が6年間、風雨寒暑も厭わず、日々学生と同じく課業に就いたことは「全国子弟の模範」と称賛した。近代学校制度が導入されたばかりの時期でもあり、大正天皇の「皆勤」は同年代の子弟たちへの模範とされたのであった。

明治20年の学習院入学（編入）からの修学報告書が丸尾から明治天皇に提出され、「殿下は他の学生に比すれば言語応用の範囲狭隘なる傾なき能はず、故に卑官は言語を練習するに大に注意を費やしたり。其要点を挙ぐれば、言語の範囲を拡張し、接続法及語尾を正し、促音拗音の発音を矯正し奉りし等なり」と評された。「言語応用の範囲が狭隘」のためその矯正に尽力したというのである。

そのほか、体育の教練については、「身体は智徳を包畜する器にして、心身の関係は実に大なり」、「体操・乗馬・水泳等の御運動は御体育上大に効験を顕はさせられたり」とある。

また、徳育の教練については、「国家の隆盛を致せしは、有形の力に依るにあらずして、無形の徳に帰せざるべからず」、「殿下をして完全無欠なる有徳有為の君となし奉らんには、其教育の要旨は先づ明徳の涵養を以て第一とせざるべからず」あり、天智天皇はじめ歴代の聖徳の事蹟の学びが大事であると説いた。

明治26年9月12日、数え15歳の大正天皇は学習院中等学科第1年級に入学した。教育方針がまとめられ、奥保鞏東宮武官長の教育方針草案が諮られた。そこには、「道徳は主なり智術は之に次ぐ」、「上は下を恤《めぐ》むの仁慈あり、下は上に奉ずるの忠信あり」、「御教育の良否は直に日後の御盛徳に関係す」などとあり、知力よりも道徳が優先されていた。

そのほかフランス、ドイツ、イギリスなど欧州各国の王室の皇子教育のあり方などが紹介され、「適当なる教官と善良なる御学友とを撰択」して個別の教育をすべきで、「断然学習院御臨学を廃し」と主張した。今後は大正天皇の性格と体力に照らし、年齢に鑑みた学力を考えるべきで、宮殿（御学問所）で修身学、和漢文学、外国語学など11種の課目を8年かけて修学すべきとした。

もっとも中等学科1年目は学習院通学と御学問所（東宮御所）での復習の時間割が組まれ、川田甕江《おうこう》（剛）の『孝経』の進講ほか湯本や丸尾らの講義がなされた。そして中等学科1年級の修了後、学習院通学をやめて御学問所での履修に変えた。「学習院に御通学あらせられ普通生徒と同じく課程を追ひ、其の成績を計較せるべきにあらず」との方針からだった。

なお、学習院通学の中止により、かつての「御学友」から海江田幸吉（のち侍従兼式部官）、甘露寺受長、西郷従義（西郷従道四男、のち上村従義）、細川護全《もりはる》（旧熊本藩主の細川護久次男、のち長岡護全）、岩倉道倶（岩倉具視四男）、南部利祥《としなが》（旧盛岡藩主の南部利恭《としゆき》長男、陸軍騎兵中尉、日露戦争で戦死）ら10名が東宮職出仕となり、常時側近の任にあたった。出仕は奏任待遇で、「忠貞以て素行を慎み御学友たる栄誉を保ち、切磋琢磨の義を体」することなどが求められた。

いきいきと全国巡啓した明宮嘉仁親王

学習院中退後、皇太子（大正天皇）は赤坂離宮内の御学問所で学力に応じた個人授業を受けることになるが、侍講として漢学を教える東京帝国大学教授で漢学者の川田ら少数の東宮職関係者と接するだけの孤独な生活となった。

さらに、新たな侍講として、本居宣長の曾孫で東京帝国大学古典講習科講師であった本居豊穎《とよかい》が和歌、作文、歴史、地理を、漢学塾二松学舎（二松学舎大学の前身）の創立者でもあった三島中洲が漢詩、漢文をそれぞれ担当した。大正天皇の和歌や漢詩は、川田はじめ本居や三島の教育の成果でもあったろう。

しかし、皇太子の成績は芳しくなく、歴史のテストは六割も答えられなかったという。結果、教育は詰め込み式になり、そのため皇太子は体調を崩し、さらに教育が遅れるという悪循環をもたらした。

詰め込み教育に不満を示す皇太子と、東宮職との間に溝が生まれ、このことを明治天皇は憂慮した。伊藤博文も皇太子の将来を案じ、元勲である元帥陸軍大将の大山巌を東宮監督とした新体制を整え、有栖川宮家の第10代である威仁親王を東宮賓友として、皇太子の指導にあたることになった。威仁親王は皇太子より17歳年長の皇族であり、東宮職の官吏や華族政治家たちよりも、より天皇に近い存在であり、そのことからくる権威が大きかった。

威仁親王は詰め込み教育を進めようとする東宮職に対して、「御健康を第一に、御学事第二に」する方針を要請し、地方巡啓で健康回復と地理歴史の実地見学を兼ねる教育に踏み切った。こうして皇太子は、明治天皇が足を運ばない地方にまで明治天皇の代理的な形で、三重・奈良・京都はじめ九州、信越・北関東などを巡啓した。この間、九条節子と結婚し、迪宮裕仁や淳宮雍仁の二親王を設け、子煩悩の姿も見せた。

ところが、皇太子の身心の健康は回復した一方で、皇太子は年長の威仁親王になつき、依存心を強めてしまった。威仁親王は「成功したと思っていたはずの巡啓が、実は『副作用』を伴っていたことに気づいたのだ」と、原武史『大正天皇』は記している。皇太子の学習の能率は上がったが、皇太子の自由にまかせた結果、将来の天皇としての自覚をもつどころか、幼少期以来のきまぐれな性格が助長され、威仁親王と旅行することばかり考えるようになってしまったのだ。

明治36年（1903年）に威仁親王は明治天皇に東宮輔導廃止の意見を述べ、その職を辞した。しかしその後も、皇太子は和歌山・瀬戸内、山陰、韓国、高知、山口・徳島、東北、岐阜・北陸、北海道、山梨など全国各地を自由にいきいきと巡啓したのであった。

皇太子は明治45年（1912年）の明治天皇の崩御にともない践祚して123代大正天皇となる。践祚後も横浜の海軍観艦式や川越の陸軍特別大演習などで大元帥としての役目を果たした。しかしその後、体調がすぐれなくなり、大正9年に第1回の病状発表がなされ、翌年に皇太子裕仁親王が摂政となった。そして大正15年12月25日に葉山御用邸で数え48歳で亡くなった。

　病弱な天皇ではあったが、皇太子時代から天皇即位直後までの時期はおおむね健康であり、いきいきとした姿を見せていたのである。とはいえ、生来の虚弱体質からくる制約はあり、心身の無理がきかないことも多く、天皇となってからも心身の激務が病状を悪化させたともみられている。

第5章

「帝王」と「象徴」の2つの時代を生きた昭和天皇

「現人神」から「象徴」になった天皇

124代昭和天皇は、「現人神」と「象徴」という2つの顔をもった天皇であった。昭和20年8月15日の終戦までは、「現人神」であり大元帥であり、国家元首であった昭和天皇は、終戦とその後の占領改革のなかで、「人間宣言」をし、新憲法のもと政治に関与しない「国民統合の象徴」となるのである。かつての大日本帝国軍隊は解体し、新憲法は戦争放棄を明記し、大元帥としての立場もなくなった。

とはいえ、終戦前も終戦後も、昭和天皇にはどこか一貫した政治姿勢や人生哲学があったようだ。それはかつて「帝王学」として身についたもので、その「帝王学」が戦後の象徴天皇としての身の振り方、つまりは「象徴学」とでもいうべきものの母体となっていたのではないだろうか。

本章では、昭和天皇は戦前に「帝王学」を誰からどのように学び、かつその「帝王学」が戦後の「象徴学」にどのようにつながっていったのかの道筋をたどってみたいと思う。また昭和天皇の「帝王学」とはどのような内容のものであり、それが前近代の歴代天皇以来継承されてきたものと、どのように類似し、どのように異なったのかの確認もしてみたい。

なお昭和天皇は明治34年（1901年）4月29日に、大正天皇の長男として生まれた。実母は大正天皇の皇后である貞明皇后（皇太子妃節子）であり、明治以後の近代の天皇としては実母が側室ではない最初の男子であった。弟が3人いたが、姉妹はなかった。皇太子時代に久邇宮良子と結婚するが、皇太子妃が皇族であるのも近代の天皇家でははじめてであった。実母が側室ではなく、皇太子妃（のち皇后）が皇族であったことは身分制があった終戦前の日本社会においては、安定した権威の源泉ともなった。

昭和天皇は大正天皇崩御を受けて践祚し、昭和元年（1926年）12月25日から昭和64年（1989年）1月7日に亡くなるまで在位した。64年という在位年数は神話の時代をのぞく歴代天皇のなかでは最長の在位期間であった。在位期間の長さも驚異的だが、終戦前の20年間と、終戦後の44年間の2つの異なった社会体制の時代に、立憲君主制国家の君主と、象徴天皇制国家の象徴との2つの天皇の顔を「ぶれも少なく」担ってきたことはさらなる驚きともいえる。

終戦前と終戦後の昭和天皇は、どこが違い、どこに一貫性があったのか、その学びとたしなみの文脈からアプローチしてみたい。

川村純義の養育

昭和天皇の称号は迪宮、諱は裕仁。皇子養育のため生後70日目から3年余り、旧薩摩藩（鹿児島）出身の海軍大将で宮中顧問官であり、明治天皇の信任が厚かった川村純義伯爵に預けられた。昭和天皇の父母である大正天皇と貞明皇后（当時は皇太子と皇太子妃）は、「自分の子のつもりで育てるように」と述べたという。当時の川村邸は麻布区狸穴（現在の港区麻布台2丁目）にあった。川村邸は明治期の建築家として有名なジョサイア・コンドルが初めて建てた個人用住宅であった。川村の孫に随筆家の白洲正子がおり、川村を「スマートな軍人で、よろずに付けて敏捷な人間」（『白洲正子自伝』）と評していた。

昭和天皇を預かったとき、川村は数え66歳、明治天皇より高齢で曽祖父の孝明天皇の年齢に近かった。妻のハルは57歳だった。

川村は養育にあたり、「心身の健康を第一とする」、「天性を曲げない」、「ものに恐れず、人を尊ぶ性格を養う」、「難事に耐える習慣」、「わがまま、気ままのくせをつけない」の5項目を重視した。この5項目の養育は順調に進んだのだろう、戦前戦後を通じて昭和天皇の一貫した生活習慣や性格となっていたようだ。なお、養育には妻のハルはじめ長男鐵太郎、次女の花、親類の者たちも加わり、侍医は橋本綱常らがつとめた。そして最初の夏は日光に避暑、冬は大磯の鍋島別邸に避寒した。

翌年、侍医らの勧めで海浜への転地が求められ、静岡県沼津の川村別邸にも滞在するようになった。このときは東京府下に赤痢とコレラ流行の兆しがみられたことも理由にあった。同じころ、昭和天皇の弟の秩父宮（淳宮雍仁親王）も生まれ、ともに川村家で育てられた。狸穴では午前6時半に起床し、ときに芝・浜両離宮、小石川植物園、新宿御苑などに行き、午後は昼寝、8時に就寝と、当時の『読売新聞』は伝えている。

足立たかとの出会い

明治37年に川村純義が亡くなり、木戸孝正東宮侍従長と、丸尾錦作皇孫御用掛長がその後の養育を担った。木戸は明治の元勲木戸孝允の甥（妹の子）で、昭和天皇の内大臣となる木戸幸一の父である。丸尾は大正天皇の学習院初等学科時代の担任であった。

明治38年、満4歳になると以後3年間、赤坂の皇孫仮御殿にて弟の秩父宮や5人の御相手とともに、幼稚教育を受けた。御相手には華族女学校幼稚園児であった華族子弟や軍人子弟が選ばれ、原則として日曜を除く毎日午後に仮御殿に参殿した。この御相手には変更もあり、また御相手の「此《こ》やつ」、「ヤイ」などの言葉遣いの使用は慎むよう養育主任の丸尾が注意した。なお、このころ御養育係の足立たか（東京女子師範学校付属幼稚園教諭、のち鈴木貫太郎夫人）の影響で生物学に関心を持つようになったといわれる。

同年7月に沼津の川村別邸を買い上げて、沼津御用邸西附属邸とした。以後、昭和天皇、秩父宮、そして三男の高松宮（光宮宣仁親王）らは、しばしば沼津に滞在し、海や山で遊び、ときに武官らや御相手（小学校入学後は御学友）らを交えて擬戦（戦争ごっこ）などもした。

学習院に入る

昭和天皇は大正天皇のような途中編入ではなく、学習院幼稚園に入り初等学科1年級から学んだ最初の天皇（当時は皇孫）であった。学習院幼稚園の課業は明治39年5月からはじまり、学習院本院の運動会を見学したりした。明治41年4月、満7歳にて学習院初等学科に入学。1年級は東西2組に編制され、昭和天皇は皇族の伏見宮博忠、久邇宮邦久ら12名とともに西組となり、同組の3名が御学友となった。うち久松定孝と渡辺昭の二人は幼稚園時代の御相手でもあった。渡辺の祖父の渡辺千秋《ちあき》伯爵は旧諏訪高島藩の下級武士出身で、明治天皇崩御時の宮内大臣であった。また長男の渡辺允《まこと》はのちに平成の天皇の侍従長となる。

学習院長は日露戦争で名をはせた乃木希典で、「皇族といへども、良くない行状があれば叱り、なるべく質素で勤勉な習慣を身につけられるやう訓育すること」という教育方針を教職員に徹底させ、自らも率先実行した。乃木は、登下校の際には、雨の日でも馬車に乗らず、外套を着て歩いて通うようにと誡め、昼休みなどには、真冬でも火鉢にあたっているより運動場を駆け足した方がよいと勧めた。また、服装も継《つぎ》のあたったものを着るのは恥じではない、と諭した。昭和天皇は後に乃木を偲び、「質実剛健・質素倹約の大切さを教えてもらいました」と語っている。

とはいえ通学は馬車で、皇孫御用掛1名、殿丁《でんてい》（下位の宮内省職員）1名が従った。着後、呼吸体操をして8時より授業がはじまり、訓話国語（倫理的修身的話題が中心）、算術、唱歌遊戯、国語、手工などがなされた。帰殿後は、御学友が復習、運動、遊びの相手などをした。主管教授は石井国次で、石井は東京高等師範学校文科を卒業した教育者であり、学習院教授となり、初等学科長を務めていた。昭和天皇の初等学科入学から卒業まで6年間主管を任され、次いで東宮御学問所が設置されると御用掛を兼務した。昭和11年に退官した後は宮中顧問官となった。

幼稚園、初等学科時代の学びやたしなみ

満6歳の幼稚園時代、昭和天皇は絵画への興味が顕著となり、絵本や塗り絵に熱中した。「尻尾取り」と呼ばれる遊びにも熱中し、父の大正天皇（当時は皇太子）の前で尻尾取りや相撲などを見せている。幼稚園では唱歌、談話、遊戯、積木などに親しんだほか、百人一首やカルタも毎日のように遊んだ。日露戦後の軍事的高揚もあり、昭和天皇も軍事的な玩具や遊戯にふれる機会が増え、将来の大元帥に不可欠な乗馬も正式にはじめ、また軍艦にも乗った。

初等学科1年級のころは、相撲、海水浴のほか、自転車にも乗り、フットボールやバスケットボールも楽しんだ。軍艦遊び（椅子を並べて船体とし、艦名をつけて、水兵などとなって乗客となった侍女らの世話をやいたりする遊び）や戦将棋なども好んだ。なお、入学後の初等学科運動会の徒歩競争（徒競走・かけっこ）で3着になっている。

2年級は東組となり、弟の秩父宮と徒歩で通学した。また来邸した実母の貞明皇后に訓話で学んだ仁徳天皇の美徳など話している。2年級のころは、将棋、ボート乗り、魚釣りなどもした。また、はじめて大相撲を観戦し、幸田延《こうだのぶ》（幸田露伴の妹）のバイオリンやピアノを聴いたりした。華族会館で打毬の見学もした。また、歴史に興味を示し、天智天皇や

豊臣秀吉にとくに関心をもった。当時皇太子であった父の大正天皇とともに「世界一周唱歌」を歌ったり、鬼事（鬼ごっこ）や将棋をするなど、親子の交流も増えた。

3年級のころは、相撲、将棋、歴史の関心が強まり、歴史では関ヶ原の戦史地図を見て、「裏切りをする二心を持った者を嫌う旨」など述べた。またみずからを教師に見立て、侍女を生徒にして歴史の講義などもした。打毬もしばしば見学し、鴨猟やアユ漁にも臨んだが、相撲観戦の方が好きだったようだ。このころ日露戦争の軍令部参謀であり、学習院御用掛となった小笠原長生から旅順港閉塞隊について、また和田亀治陸軍省副官から南山攻撃についてなど、日露戦争に関する講話を聞いている。

また側近らは昭和天皇の発声を懸念し、音楽教育家で吃音矯正の第一人者である伊沢修二に国語の授業を参観させた。伊沢は「綴り方においては、実に御佳作も少なからざるに反し、御言葉によりての御発表はいちじるしき御進歩を拝し奉らず」と「迪宮殿下御心意状態」に記した。もっとも当時は天皇や皇太子などは大勢の大衆の前で話をすることはなく、そのために発声も遅れていたろうし、またその改善の必要性もあまりなかったのだろう。とはいえ、戦後になって昭和天皇はじめ多くの皇族が公の場で数多く言葉を発するようになり、その独特の発声が注視されたりするようになる。なお、3年級の最後には、祖母である皇后（昭憲皇太后）の前で、旗体操、徒歩競争、フットボール、相撲などをしている。

4年級に進級したとき、母の皇太子妃節子（貞明皇后）が腸チフスに罹り、昭和天皇は春の遠足などを見合わすほどであった。側近は葉山静養中に昭和天皇の乗馬や三輪車の近況を伝えたりした。このころ昭和天皇は三輪車に連日乗っていた。歌会始のための和歌が出来ないでいたが、幼少時の批評や添削は上達を阻害するので指導はしない方針がとられた。また「御知識の学校以外に余り御広くなり過ぎたまふに依り御注意申上ぐる事」などを側近が協議しており、昭和天皇の知識欲が広がりすぎていることを懸念する向きもあった。

初等学科5年級で皇太子となる

5年級のとき明治天皇が亡くなり、乃木希典学習院長が自刃した。時代は大正となり、昭和天皇は皇太子となった。満11歳であった。皇族身位令第17条には「皇太子皇太孫は満十年に達したる後陸軍及海軍の武官に任ず」とあり、昭和天皇は陸海軍少尉となった。もっとも軍事教育は受けるが、軍学校に入ることはなく、順次昇進し、天皇になるときに大元帥となる。皇太子以外の皇族たちは陸軍か海軍かどちらか一方の軍学校に入り、そのまま任官し、陸海軍の現場で軍事教練や教育を受ける。そのため体力的についていけず病気になったりした皇族も数名いた。

皇太子となった昭和天皇は弟宮たちとは別居し、東宮職や東宮武官などに常時奉仕された生活に入った。6年級のころには、将来の大元帥になるための活動も増え、陸海軍将校の親睦組織である偕行社や水交社はじめ軍学校、練兵場、射撃場などに行啓するようになる。一方、『少年』、『小学生』などの雑誌を読み、理科、歴史への関心を深めるも、小説類は好まなかった。また、中国内政の動乱にも関心を抱き、側近に上海の状況を聞くなどしている。『世界名君伝』や『世界名臣伝』など「帝王学」に結びつく書を熱心に読むようになったのもこのころであった。

初等学科最後の6年級第3学期は、石井国次の『教育勅語』奉読および訓示からはじまり、授業は9時から90分授業で15分休み、平日は5限で午後2時30分まで、土曜は3限で午前11時45分までであった。課目は、修身国語、手工、算術、国語、綴方、書方、地理、体操、図画、理科、地歴、唱歌などがそれぞれ配され、外国語はなかった。

初等学科時代に高めた動植物への関心

後年、生物学者としても知られた昭和天皇は、幼少のころから御用地や御料地などで動植物や魚介類に親しみ、収集し整理分類し、図鑑などで確認するのが好きであった。学習院幼稚園から初等学科時代のころからこうした傾向が強く見られた。当時は宮内省の管轄であった上野動物園にも頻繁に出かけ、さまざまな動物を観察している。日本に渡来した最初のキリンを見たほか、ペリカン、ゾウ、ラクダ、カンガルー、テングザルなど当時の日本では珍しい動物たちと直に接していた。

初等学科2学級のときには、母親である皇太子妃節子と『蚕解剖掛図』について対話をしたり、侍女に『有毒植物図譜』をもたせて種々の草花を対照したりした。顕微鏡玩具での観察もこのころしている。

初等学科3年級になると、帰殿ののちは学事、相撲、動物玩具遊びのほか、力士や動物の絵葉書分類に熱中した。『イソップ物語』にも関心を寄せ、ウマに馬鹿にされたキツネが豆に化けたが食べられるという「きつねとうま」を創作した。また旧明宮御殿(中山邸内にあった大正天皇の幼児期の御殿)を昭和天皇のための標本室にした。

初等学科4年級のころは貝類にも興味をひろげ、名称不詳の貝類などを調べ、珍しい貝に興奮したりし、みずから「貝の手引」を製作している。皇太子となった5年級のころも、理科実験への関心は高く、将来は博物博士になりたいとの希望ももらしていた。こうした理科好きが高じて、算術と理科の授業の入れ替えを希望して側近に注意されたりもした。幼稚園、初等学科というかなり早い時期から専門的な観察を重ね、豊富な知識を得ていたことがわかる。昭和天皇のこの生物学好きは、戦時中は軍の一部から白眼視されたが、戦後は「平和天皇」のイメージを内外に広めるのに大いに役立った。

東宮御学問所の設置

初等学科卒業後は中等学科へは進まず、あらたに昭和天皇のために設置された学問所で学ぶことになった。大正3年3月16日、「東宮御学問所職員職制」が定められ、総裁、副総裁などのほか、修学の御学友として華族子弟からなる定員5名の東宮職出仕が置かれた。この構想は学習院長であった乃木希典によるものであったが、乃木はすでに殉死しており、総裁には元帥海軍大将東郷平八郎、副総裁は東宮大夫波多野敬直（のち東京帝国大学総長浜尾新）、幹事に海軍大佐小笠原長生、評議員に理学博士山川健次郎ほか陸海軍将官、御学友は初等学科時代の御学友9名のうちから南部信鎮、堤経長、久松定孝、松平直国ら4名が選ばれ、のち大迫（永積）寅彦が加わった。

かつて大正天皇の初等学科卒業以後の教育が十全に機能しなかった反省もあったのだろう、「次代の大日本帝国を総覧する、英邁な君主をつくること」（高橋紘『人間　昭和天皇』）を目的とした国家をあげてのプロジェクトとして東宮御学問所のカリキュラムは作られた。その教授陣を列挙すると、倫理が杉浦重剛、歴史が白鳥庫吉（東京帝国大学教授）、地理が石井国次（学習院教授）・山崎直方（東京帝国大学教授）、国語・漢文が飯島忠夫（学習院教授）、博物が服部広太郎（学習院教授）、理化学が和田猪三郎（東京高等師範学校教授）、数学が石井国次・吉江琢児（東京帝国大学教授）、フランス語が土屋正直（東宮侍従）・佐分利貞男（外務書記官）・山本信次郎（海軍大佐）、習字が日高秩父（内務大臣秘書官）・入江為守（東宮侍従長）、法制経済が清水澄（行政裁判所評定官）、美術史が滝精一（東京帝国大学教授）、体操が加藤真一（陸軍歩兵中尉）、馬術が根村当守（車馬監）・壬生基義（陸軍騎兵中佐）・大迫尚敏（学習院長）・山川健次郎・河合操（陸軍少将）、陸軍軍事講話が浄法寺五郎（陸軍中将）・宇垣一成（陸軍少将）、海軍軍事講話が竹下勇（海軍少将）・安保清種（海軍少将）というその分野の第一人者をそろえた実践的な布陣であった。

授業は9時からはじまるが、その前に10分間の「朝間体操」があった。45分授業で、午前に4授業あり、月・水・金の午後は武課と体操、火・木は4限目に武課、5限目に馬術があった。学習院では軍事教練を武課と称しており、柔道、剣道、木剣体操、射撃などがあったが、柔道は骨折の懸念があって採用しなかったという。

東宮御学問所は高輪の東宮御所内に設けられたが、夏は箱根宮ノ下御用邸、冬は沼津御用邸に移動して授業がなされた。昭和天皇は学習院中等学科や他の学校には進学せず、大正3年春から同10年春まで7年間、5人の学友とここで学んだのであり、東宮御学問所はいわば昭和天皇のためだけに設けられた教育施設であった。「天皇の学校」（大竹秀一）と称されるゆえんでもある。

東宮御学問所では、いわゆる帝王学である倫理は私立日本中学校校長の杉浦重剛が担当した。杉浦は明治の初めに大学南校で理学を専攻し、英国留学中も理系で優秀な成績だったが、帰国後は教育者の道に入り、その実績により御用掛に抜擢されたのである。杉浦は、7年間で「三種の神器」、徳目、箴言、名句、自然現象、人物、史実、社会現象などに関する381回の講義をなした。杉浦は倫理の教科たるもの、「必ずや実践躬行、身を以て之を証するにあらざれば其の効果を収ること難し」との決意を述べ、「三種の神器に則り、皇道を体し給ふべきこと」、「五条の御誓文を以て、将来の標準と為し給ふべきこと」、「教育勅語の御趣旨の貫徹を期し給ふべきこと」などの方針を示した（猪狩又蔵編『倫理御進講草案』）。三種の神器、『五箇条御誓文』、『教育勅語』は、戦前のみならず戦後においても明治天皇を崇敬する昭和天皇の重要な心の支えとなっており、杉浦の昭和天皇への影響力の強さが感じられる。

また歴史を担当した白鳥は神話と歴史は別なものとして区別し、三種の神器については古くは各地の豪族の権威のシンボルであったと、客観的な評価をするなど、観念的な皇国史観ではない歴史を語った。そうした客観的な歴史観を身につけることで、昭和天皇は戦前や戦後の歴史的動乱の時代への鋭い現状分析の目をもつことができたのだろう。

欧州巡遊での学び

大正10年（1921年）2月18日に東宮御学問所の終業式があり、3月3日から昭和天皇は歴代天皇としてはじめて欧州巡遊の旅に出た。期間は9月3日までの半年間で、軍艦にてスエズ運河を通り、地中海からイギリスに到着した。その後、フランス、ベルギー、オランダ、イタリアなどを訪問し、再び地中海から軍艦で帰国した。

この巡遊は、昭和天皇が戦後の昭和45年（1970年）に那須御用邸で宮内庁記者団に、昭和史でもっとも印象深いのは「(戦前の)ヨーロッパ旅行だ」と答えたほどであった。とりわけ、イギリス皇帝ジョージ5世から学んだことは多く、「君臨すれども統治せず」など立憲君主制における君主のありかた、イギリス王室の家族同居のライフスタイルなど、帰国後の昭和天皇の活動にも大きく反映した。昭和天皇は戦前も自ら独断で政治決定をしたことはなく、多くは政治家や軍人たちの輔弼によって決定し、唯一、終戦の決定のときに自らの決断を下したとしているが、あながち戦争責任逃れの方便ともいいきれない面はある。昭和天皇にしてみれば、政治家や軍人たちの意見に耳を傾けて、自らの独断を避けたがゆえに対米英戦争に突入する結果となったという意識が、終生残っていた。実際、欧州巡遊ではジョージ5世の進言もあり、第一次世界大戦の戦跡を直に見て、戦争の悲惨さを痛感していた。

また巡遊から帰国して後、宮中の一夫一婦制度を実現するための女官の通勤制や、実現はしなかったが天皇家の親子同居などを主張したのも、イギリス王室のライフスタイルに刺激された面はあった。遊びもゴルフやテニスなど欧風のものが目立ち、そのため一部の愛国的軍国主義者からは、イギリスかぶれの平和主義者とみなされた。それでも昭和天皇の欧州巡遊での学びやたしなみは、帰国後のライフスタイルに大きな影響を与え、むしろ戦後になって、家庭的な親英米的な天皇として立ち現われていったとみなせる。

「宋襄の仁」に見る歴史からの学び

昭和16年2月3日、昭和天皇は内大臣の木戸幸一に「宋襄の仁」という言葉を述べた。経書のひとつである『春秋左氏伝』に記述のある故事で、宋の襄公が、楚の軍が川を渡りきって陣を整える前に攻撃するのは君子のすることではないとしたため、結局、宋軍は敗れ、襄公も負傷したというものである。敵に対する無用の情け、分不相応な情けをかけるときの戒めとして使われる。

当時の日本は中国戦線の膠着から東南アジアへの進攻を考えており、ヨーロッパ戦線におけるドイツの攻勢で、英仏の勢力がインドシナやタイで後退し、この機に日本軍はこの地への武力進攻をめざす「対仏印及泰国施行要領」を昭和天皇に上奏した。このとき、昭和天皇は「火事場泥棒」のようなことはしたくないと述べる一方、「宋襄の仁」となるのも面白くないので、この案は認めたが、「実行については慎重を期する必要があると思ふ」と木戸に語ったのである(『木戸幸一日記』)。

火事場泥棒は好まないというのも君主の心構えであるが、「宋襄の仁」は中国の故事を学ばなければ出てこない発想である。昭和天皇は、幼少時から歴代天皇が学んだような儒学や中国史の故事などを学び、自分の内面に血肉化し、判断の基準としていたのである。

昭和天皇のこうした故事に関わる発言は、ほかにもしばしばみられ、同じ昭和16年10月20日、昭和天皇は木戸に「虎穴に入らずんば虎児を得ずと云ふことだね」と語った。対米開戦に躊躇する昭和天皇は、第三次近衛文麿内閣から開戦派の東条英機内閣に代えることによって日米交渉の継続に望みをかけたのだが、危うい人事ではあった。昭和天皇はこの東条の起用について「虎穴に入らずんば虎児を得ず」と述べたのだ（『木戸幸一日記』）。この故事の出典は『後漢書』であり、危険を冒さなければ大きな成功は得られないという意味で用いられる。このころの昭和天皇の言葉や判断の端々からは、中国の故事の素養がしばしば感じられ、それも軍事戦略的な判断の際に用いられたのが興味深い。

終戦1年後の昭和21年8月14日、昭和天皇は「終戦記念日にあたって私は九州を見学（大正9年春）した時の大宰府の水城《みずき》（土塁）を思い出した」とし、「わが舟師《しゅうし》（水軍）が唐軍と白村江で戦い惨敗した当時の天智天皇がおとりになった国内整備、いわゆる文化国家建設の経綸《けいりん》（治政）をしのびたい」と語った（『毎日新聞』昭和21年8月15日）。昭和天皇は戦後復興にあたり天智天皇の故事を援用したのである。こうした日本史の素養も、皇孫時代、皇太子時代に学んだ歴史の講義に基いていたといえる。

このように昭和天皇は若きころに学んだ儒学や史学の知識をふまえつつ、戦時中や戦後の難局における自らの決断を下していた面があった。ちなみに、昭和天皇は将棋や碁などのたしなみによって、軍事や政治の知略を養っていたようだ。昭和56年4月17日、「陛下は将棋がお好きなようですが、碁はいかがですか」と聞かれ、「将棋より碁の方が戦略的だね」と答えている（黒田勝弘・畑好秀編『昭和天皇語録』）。

『拝謁記』に見る昭和天皇像

初代宮内庁長官の田島道治が残した昭和24年2月から昭和28年12月までの昭和天皇との対話記録が『昭和天皇拝謁記』（全7巻）として刊行されている。茶谷誠一は第1巻の解説で、「昭和天皇は憲法改正に際して明治憲法の基本的構造を変える必要はないと考えており、新憲法施行後も皇室関連条項や戦争放棄条項など自身が必要と認める箇所の改正を主張していく」と指摘する。そして「天皇が象徴としての役割を自覚していることと、国政に関心を寄せ続けていくことは矛盾しておらず、戦後も天皇の頭の中であるべき君主像として意識され続けていた」とし、昭和天皇がみずからを「象徴元首」と表現していたと述べる。いわば、かつての元首の意識で象徴の役割を果たそうとしていたのである。

そして敗戦後の占領期から独立回復後の時期において、国防や安全保障を中心とする外交問題、共産党の活動を中心とする国内の思想、治安問題に大きな関心を寄せていた。たとえば、昭和25年の朝鮮戦争勃発の際には、「九州に若干の兵をおくとか、呉に海軍根拠地を設けるとか」と発言した。そして駐留米軍による国土防衛についてもたびたび語っていた。

また舟橋正真は第5巻解説で、「天皇の象徴天皇制理解は、戦前の経験から形成された立憲君主理解の延長線上にあった」とする。具体的には、日本国憲法の天皇条項のうち、読み替え可能な部分である第3条と第7条の「内閣の助言と承認」は受け入れ、読み替え不可能な部分である第4条の「国政不関与」などは保留し、「時には逸脱するなど、独自の憲法運用・解釈をとっていた」と、後藤致人「昭和天皇の象徴天皇認識」などを踏まえて指摘する。

近年の資料発見と研究の深化によって、昭和天皇は明治憲法下の「帝王」から、新憲法下の「象徴」に変質したのではなく、「帝王」のまま「象徴」の役割を果たしていた構造が見えてきたといえる。つまりは、「帝王学」から「象徴学」という天皇の学びの転換が生まれるのは、次の平成の天皇の代になってからと考えられるのである。

「人間宣言」の真意

周知のように昭和21年1月1日に昭和天皇が発した詔書は、天皇の「人間宣言」(「新日本建設に関する詔書」)と一般に呼ばれ、現人神であった天皇が人間になったと宣言した詔書とみなされている。

この詔書には、「天皇と国民との結びつきは、つねに相互の信頼と敬愛とによるもので、単なる神話と伝説によって生じたものではない。天皇を現御神《あきつみかみ》(現人神、人の姿をそなえた神)とし、日本国民をもって他より優れた民族とし、世界を支配すべき運命を持つという架空の観念に基くものでもない」との趣旨が述べられ、天皇は「現御神」であるというのは架空の観念であるという神格否定の解釈がなされた。

しかし、30年後の昭和52年8月23日、那須御用邸での宮内庁記者との会見で、天皇は「神格とかそういうことは二の問題であった」と述べた。「人間宣言」の冒頭には『五箇条御誓文』が掲げられており、天皇は「民主主義を採用したのは、明治大帝の思召しである。しかも神に誓われた。そうして『五箇条御誓文』を発して、それがもととなって明治憲法ができたんで、民主主義というものは決して輸入のものではないということを示す必要が大いにあった」と語った。そして、記者との間に次のやりとりがなされた（高橋紘『陛下、お尋ね申し上げます』）。

記者　陛下ご自身のお気持ちとしては、何も日本が戦争が終わったあとで、米国から民主主義だということで輸入される、そういうことではないと、もともと明治大帝の頃からそういう民主主義の大本、大綱があったんであるという……。

天皇　そして、日本の誇りを日本の国民が忘れると非常に具合が悪いと思いましたから、日本の国民が日本の誇りを忘れないように、ああいう立派な明治大帝のお考えがあったということを示すために、あれを発表することを私は希望したのです。

昭和天皇は明治維新当時の『五箇条御誓文』、そしてその後の明治憲法（大日本帝国憲法）のなかに、すでに民主主義の思想の流れがあり、戦後の占領政策のなかで外国から輸入したものではないと主張することが、「人間宣言」と称される詔書の本来の目的であるとし、世間で流布している神格否定は二の次の問題であるとしたのである。天皇は「現御神」であるか「人間」かの問題についてはあえて踏み込まず、明治天皇以来の一貫した日本の源流と、そのことへの誇りを持つことを国民に強調したのであった。

この「人間宣言」の解釈とこれをめぐる問題は種々あるが、この会見のやりとりからは、昭和天皇が戦前と戦後の連続性を強く意識していたこと、戦後の源流は明治天皇にあったこと、戦後も天皇は国民を鼓舞する立場にあると自覚していたことなどが、伝わってくる。

昭和54年8月29日、那須御用邸における宮内記者会で、昭和天皇は「立憲君主であることが私の終生の考えの根本です」と述べ、大日本帝国憲法であれ日本国憲法であれ、自分は立憲君主として一貫していると強調したのである（『読売新聞』昭和54年8月30日）。かつて大日本帝国憲法下で「帝王」であった昭和天皇は、戦後30年を経た日本国憲法下でも「帝王」として「象徴」の役割を担っていこうとしていたのである。

「張りぼてにでもならなければ」

戦後の日本国憲法は戦争放棄を明記し、昭和天皇はすでに陸海軍を統率する大元帥ではなくなっていた。しかし、『拝謁記』にもあるように、昭和天皇は戦後も日本の安全保障や軍事に強い関心を持っていた。

なかでも、昭和48年5月26日の増原恵吉防衛庁長官の内奏漏洩事件は有名だ。増原は自衛隊の歴史、近隣の軍事力、第4次防衛力整備計画、基地問題について天皇に説明した後、天皇といくつかのやりとりがあった。そして増原は、天皇が「説明を聞くと、自衛隊の勢力は近隣諸国に比べて、そんなに大きいとは思えない」、「防衛の問題は大変難しいが、国の守りは大事なので、旧軍の悪いところは見習わないで、いいところをとり入れてしっかりやってほしい」などと語ったと、記者団との雑談で公表してしまった。当時、自衛隊員の増員が審議されているさなかであり、野党から天皇の政治利用と糾弾され、増原は引責辞任した。

このことを知った天皇は、入江相政侍従長に「もう張りぼてにでもならなければ」と言ったという。「張りぼて」とは、形だけのものという意味であり、実質がない天皇にならなければならないと嘆いたのである。つまりは、天皇はまだ「張りぼて」、ひいては「形骸化した存在としての象徴」になってはいないことの表明でもあった。

その後も昭和天皇は歴代首相や政府高官、外国要人らと深く関わり、また外務官僚などの進講なども受け、国際情勢や世界の軍事バランスなどの知識を持ち、ときに自分の素朴な感想をもらしたりもしていた。

昭和54年12月27日、ソ連がアフガニスタンに進攻した際、進講の天羽民雄外務省情報文化局長に対して、「ソ連は結局（アフガニスタンを）とってしまうハラなんだろう」と述べたという。また昭和57年4月、英国とアルゼンチンの間でフォークランド諸島の領有をめぐる問題では、進講の橋本恕外務省情報文化局長に「サッチャーは軍艦を出すか」と尋ねている（岩見隆夫『陛下の御質問』）。

「張りぼて」になりきれない天皇は、進講や内奏のたびに歴代首相や政府高官、外務官僚らに自らの思いをもらしていたのである。歴代首相らはそうした天皇の戦前と変わらない元首的、大元帥的姿勢に、改憲や軍拡への意思を読み取り、自らの政治姿勢につなげていた。しかし、それは初代宮内庁長官の田島道治が、日本国憲法の規定に天皇の実態を合わせていくことを任務とし、ときには天皇の行動を諫め、象徴天皇のあるべき姿を形成しようとしたこと（前出・舟橋解説）にみられるような戦後のリベラル派の台頭や、あるいは戦争の悲惨さを実感した多くの民衆の意識や、それらを基盤とした政党の活動などによって、象徴としての天皇の憲法上の位置づけが揺らぐことを抑止していたのであった。

昭和天皇の和歌

昭和天皇の学びとたしなみでは、生物学研究と和歌が有名である。生物学研究は内外に平和主義者のイメージをふりまく効果があり、前述したように、戦前は一部の軍国主義者から不評であったが、戦後は平和国家日本のイメージ作りに大きな効果があった。とりわけ戦後の天皇の訪欧、訪米では生物学者天皇として各地を訪問した。昭和46年10月に訪問したイギリスではロンドン王立協会で名誉会員推戴の儀式がなされ、リンネ協会でも名誉会員推戴式がなされた。昭和50年9月のはじめての訪米では、公式行事の合間などに、マサチューセッツ州のウッズホール海洋研究所、カリフォルニア大学サンディエゴ校スクリップス海洋研究所などを訪問し、昭和天皇の専門であるヒドロゾア研究などをしており、米国の研究者たちに生物学者昭和天皇のイメージを強く印象付けた。

和歌は歴代天皇のたしなみであったが、昭和天皇も1万首ほど詠んだといわれる。そのうち既発表の歌は872首、先年発見された草稿やメモが273首ある（所功編著『昭和天皇の大御歌』）。

さきにもふれたが、昭和天皇は歌会始のために歌を詠む必要があったが、側近は幼少時に批評や添削をすることは上達を妨げると判断し、自由な発想で自然に湧き出るものを詠む方向で進めた。大正6年、まだ満16歳の東宮だったときに、「赤石《あかいし》の山をはるかにながむればけさうつくしく雪ぞつもれる」の歌を詠み、歌会始に出した。この年の題は「遠山雪」であり、昭和天皇は沼津海岸から赤石山脈を眺望した情景を詠んだのである。雪のすがすがしさに、若き皇太子の覚悟が重なるおおらかな情景詩だった。これを東宮侍従入江為守に示し、色紙に認めた。入江の祖は冷泉家、御子左家、すなわち藤原定家へとさかのぼる歌道の家である。昭和天皇は伝統的な歌道の家の師から歌を学んでいたのだ。

公表されている昭和天皇の歌は主に戦後のもので、先年発見の歌も9割以上が戦後である。その戦後の歌で目をひくのは、戦争被害の視察と罹災者の励ましのために全国巡幸した各地で詠んだ歌とその歌碑の建立である。昭和26年11月の水戸市巡幸では、「たのもしく夜はあけそめぬ水戸の町うつ槌の音《ね》も高くきこえて」と、その復興の姿を詠んだ。この歌は、翌年の歌会始に出され、のちにその歌碑が茨城県水戸市三の丸に建った。昭和天皇は巡幸にあたり各地の地名を詠み込んだ歌をつくり、そのことが地域の人びととの歌碑建立を促した。国体や植樹祭などでも歌が詠まれ、歌碑が建てられた。こうした歌碑建立は地域の人びとの天皇への敬愛を深め、相互の精神的結びつきを強める効果をもたらした。昭和天皇の歌碑は北海道から沖縄県まで全国各地に複数あり、サイパン島のバンザイクリフにもある。

なお、歌会始の起源はかならずしも明確ではないが、平安時代中期の62代村上天皇のころに宮中に和歌所がおかれた当時にはすでに行われていたという。明治になって国民参加の行事になり、さらに昭和の戦後の改革でその参加者数を大幅に増した。一般の詠進がはじまったのは明治7年で4139首であったが、その後、1万、2万と増え、昭和3年には3万8810首、昭和17年には4万6106首となった。そして戦後はしばらく1万首程度が続いたが、昭和37年に3万首を越え、昭和39年には4万6908首となった（中島宝城「歌会始の歴史と現在」）。その後、漸減し、平成以後現在まではおよそ1万首から2万首になっている。戦時中の高揚期と、戦後の復興期に詠進数が増えているのは興味深い。

昭和天皇は和歌を介して国民との精神的結びつきを強めていた面があったようだ。それも戦前の「帝王」の時代と戦後の「象徴」の時代でともに共通しているところに、昭和天皇の和歌が持つ民心鼓舞の不思議な効果を感じざるをえない。

第6章

「象徴」としてのあるべき姿を求めた平成の天皇

202年ぶりの譲位

明治天皇以来、近現代の歴代天皇は譲位（存命中の退位）が法的に許されていなかった。明治22年に公布された皇室典範（旧）の第10条は「天皇崩ずるときは皇嗣即ち践祚し祖宗の神器を承く」とあり、また昭和22年の皇室典範（新）の第4条は「天皇が崩じたときは、皇嗣が、直ちに即位する」とあり、これらの条文のため、明治、大正、昭和の3代の天皇は、亡くなるまで天皇であった。

しかし平成の天皇は、みずから譲位（存命中の退位）を求め、これが法的に認められた。天皇が譲位するのは江戸時代後期の文化14年（1817年）の119代光格天皇以来、202年ぶりのことであった。また、明治維新の際に定められた一世一元の制により、平成の天皇の譲位によって、元号も平成から令和へと変わった。

平成の天皇の譲位の意向は、平成28年7月13日放送の「NHKニュース7」冒頭で、天皇陛下が数年内に皇太子徳仁《なるひと》親王へ譲位する意向を示していることが宮内庁関係者への取材でわかったという報道により、一般にはじめて伝えられた。

日本国憲法や皇室典範（新）に認められていない譲位の可否をめぐって国民世論が活発化するなか、同年8月8日、平成の天皇みずから「象徴としてのお務めについて」の「おことば」をビデオメッセージで伝え、国民に譲位の意思とその理由を語った。

「象徴としてのお務めについて」

平成の天皇はこのビデオメッセージにて、「私も80を越え、体力の面などから様々な制約を覚えることもあり」と、高齢による肉体的限界が生まれていることを述べ、「社会の高齢化が進む中、天皇もまた高齢となった場合、どのような在り方が望ましいか」と、みずからの考えを国民に伝えようとした。

そして、象徴としての天皇の務めについての考えを、以下のように語った。

私が天皇の位についてから、ほぼ28年、この間私は、我が国における多くの喜びの時、また悲しみの時を、人々と共に過ごして来ました。私はこれまで天皇の務めとして、何よりもまず国民の安寧と幸せを祈ることを大切に考えて来ましたが、同時に事にあたっては、時として人々の傍らに立ち、その声に耳を傾け、思いに寄り添うことも大切なことと考えて来ました。天皇が象徴であると共に、国民統合の象徴としての役割を果たすためには、天皇が国民に、天皇という象徴の立場への理解を求めると共に、天皇もまた、自らのありように深く心し、国民に対する理解を深め、常に国民と共にある自覚を自らの内に育てる必要を感じて来ました。こうした意味において、日本の各地、とりわけ遠隔の地や島々への旅も、私は天皇の象徴的行為として、大切なものと感じて来ました。皇太子の時代も含め、これまで私が皇后と共に行《おこな》って来たほぼ全国に及ぶ旅は、国内のどこにおいても、その地域を愛し、その共同体を地道に支える市井の人々のあることを私に認識させ、私がこの認識をもって、天皇として大切な、国民を思い、国民のために祈るという務めを、人々への深い信頼と敬愛をもってなし得たことは、幸せなことでした。

この天皇の言葉は、日本国憲法第1条の「天皇は、日本国の象徴であり日本国民の象徴であつて、この地位は、主権の存する日本国民の総意に基づく」の条文の「象徴」の内実について天皇自身がいかに悩んできたかを如実に示したものであり、他方、国民にその「象徴」としての天皇の立場への理解を求めたものであった。

戦後の昭和天皇以来、日本国憲法の条文により天皇は「象徴」とされてきたが、天皇が「象徴」の内実をどう把握してきたのか、国民が「象徴」たる天皇をどう理解してきたのか、改めて問われた瞬間でもあった。

そして、「人々の傍らに立ち、その声に耳を傾け、思いに寄り添うこと」が象徴として大切なことと感じ、日本の各地、とりわけ遠隔の地や島々への旅などを、「私は天皇の象徴的行為として、大切なもの」と感じてきたことが、天皇自身の言葉として伝えられたのであった。実際、平成の天皇は平成30年間で47都道府県すべてを2度以上訪問した。その訪問には三大行幸啓と称される、「全国植樹祭」、「全国豊かな海づくり大会」、「国民体育大会」という例年のもののみならず、東日本大震災などのほか地震、噴火、豪雨などの被災地訪問も多かった。サイパン島などの戦地慰霊も重ね、その「旅」は近現代のみならず歴代天皇のなかでも最多であり、また訪問先での人びととの親密なふれあいも稀有のものであった（竹内正浩『旅する天皇』）。

こうした平成の天皇の「象徴」観と行動力は、だれのどのような学びによって育まれたのだろうか。その学びとたしなみの歩みを概観してみよう。

学習院幼稚園時代

平成の天皇は昭和8年（1933年）12月23日に生まれた。その2年前の昭和6年には満州事変がはじまっており、昭和12年3月に満3歳で赤坂離宮東宮仮御所に移った4ヶ月後の7月には盧溝橋事件をきっかけとした日中戦争がはじまった。そして昭和15年に学習院初等科（大正8年以後は初等学科から初等科になる）に入学したその翌昭和16年12月に対米英戦争に突入している。戦時中は沼津御用邸、日光田母沢御用邸、奥日光の南間ホテルなどに疎開し、戦争が終結した昭和20年11月7日に東京に戻ってきた。このとき、平成の天皇は東北本線の汽車のなかから焼け野原となった東京と、戦争で家や職を失った人びとの姿を見た。平成の天皇は生まれてから満11歳まで、戦争の時代のなかで育ち、学習院初等科時代の後半は疎開生活を余儀なくされた。

平成の天皇の学習院幼稚園時代からの御学友であった明石元紹《もとつぐ》は、この戦時中の平成の天皇の学校生活について『今上天皇　つくらざる尊厳』のなかでいくつか書いている。

明石が幼稚園に入園したのは昭和13年で、水曜と土曜の午後、東宮御所と地続きの赤坂離宮（現在の迎賓館）に健康に問題のない男の子約20名がバスで行ったという。明石は幼稚園と初等科低学年の時期、この赤坂離宮の芝生で遊び、離宮の広間でサンドウィッチやクッキーなど食べたりした。明石は日露戦争で活躍した明石元二郎の孫で男爵家の子であった。

「どの園児の家庭も同じだと思うが、親たちはわれわれが皇太子殿下と同級になることは意識して育て躾けていたと思う。私の中野の家での生活も、父は厳格で母は優しかった。父は（中略）剛毅な男だったので、あまり細かく私に言わなかったが、殿下の同級になることは、たまに触れたように覚えている。園児が華族の子供たちで構成されているということは、皇室を敬しながら、特別に意識しない普段の生活の雰囲気からよかったことと思う」と、明石は回想している。皇太子（平成の天皇）が生まれたとき、華族の家の同年代の子を持つ親たちは、将来、自分の子どもが皇太子の御学友として側に侍るであろうと想定していたのである。明石は皇太子より20日遅れて生まれ、命名にあたっては皇太子の「継宮」の「継」を一字もらい「元継」としたが、同じ「継」は恐れ多いので「紹」としたいきさつがあった。

平成の天皇の幼稚園時代には東宮職はまだなく、皇后宮職の一部が東宮仮御所に勤務していた。組織上の長は広幡忠隆皇后宮大夫であった。広幡の祖父の広幡忠礼《ただあや》は江戸時代後期の清華家の公家で、１２０代仁孝天皇、１２１代孝明天皇、１２２代明治天皇の3代にわたって宮中に仕えた。明治維新後に侯爵となり、英照皇太后（孝明天皇の后妃）の崩御の際には斎官をつとめた。父の忠朝は侍従などをつとめ騎兵大尉ともなった。すなわち忠隆は前近代から続いた公家の家柄の出身であった。

東宮の侍従にあたる東宮傅育官は、石川岩吉、山田康彦、東園基文、永積寅彦が担った。石川は國學院大學を卒業後、兵役を経て、國學院で師事した湯本武比古（大正天皇の東宮時代の教育掛）が社長をつとめる開発社で、雑誌『教育時論』の記者となった。その後、國學院講師となり、皇典講究所幹事となる。大正年間に皇子傅育官などを経験し、昭和11年に平成の天皇の東宮傅育官となるなど、いわば國學院人脈から宮中に入った人物であった。山田はのちの東宮侍従長、東園はのちの掌典長、永積はかつて昭和天皇の御学友であり、のちの掌典長となるなど、宮中の要職を担う。

学習院初等科時代

平成の天皇が学習院初等科に入学するのは昭和15年4月であった。入学にあたり学習院長は海軍大将の野村吉三郎から、同じく海軍大将の山梨勝之進に変わった。ルーズベルトと親交のあった野村が対米関係の調整のため駐米大使となって渡米したためでもあった。山梨は対米協調路線の軍縮派であったため予備役となり、学習院長となったのである。キリスト教の造詣も深く、英語も流暢であった山梨は、戦後まで学習院長をつとめ、戦中から戦後にかけての皇室や平成の天皇に一定の影響力を持っていたとされる。

小学校長にあたる初等科長は川本為次郎で、初等科に永年勤務した古参の、厳しい先生だったという。学年の担任は、秋山幹が「東組」、鈴木弘一が「西組」を6年間受け持ち、平成の天皇は「東組」に在籍した。秋山は理科、鈴木は歴史と国語が担当だったが、戦争末期の疎開生活では、組の別なく、親代わりとして生徒のめんどうをみた。秋山は「水戸っぽの芯の強さと、科学的な合理主義が調和しているひとだった」、鈴木は乾布摩擦の信奉者で6年間毎日のように裸でやらされ、「お陰で、風邪に弱かった皇太子殿下も抵抗力がついたようだ」と、明石は書いている。

同級生は「東組」、「西組」それぞれ34名ずつで、華族の子弟が36名、そのほかが31名だった。同級生には、九条道弘（九条道秀公爵の長男で、貞明皇后の甥）、島津忠広（島津忠承公爵の長男）、島津久永（島津久範伯爵の次男、のち平成の天皇の妹の清宮貴子内親王と結婚）、広橋興光（広橋真光の長男、梨本宮伊都子の孫）、入江為年（入江相政の長男）、安西邦夫（のち東京ガス社長）、橋本明（のち皇室ジャーナリスト）などがいた。華族となった旧公家の末裔のみならず、新時代を担うさまざまな人脈の人びとが交じっていたといえる。

平成の天皇が在籍する「東組」は、いつも宮内省の傅育官が1人参観しており、初等科低学年のときは、前述の山田、東園のほか、永積に代った村井長正の3人が交替で受け持った。村井は、東京帝国大学では支那哲学、大学院では儒学の研究者であり、かつクリスチャンだったという。「殿下を立派な人にしようと夢中になっている姿は、子供たちにもわかり、われわれの仲間にも一種のファンができたように思う」、「低学年のころの皇太子殿下は、大人のなかで育ったため、どうしても機敏性と表現力に欠け、教室でも消極的だった。うしろで観ている村井さんは、先生に質問されて、モジモジ煮え切らない殿下が心配で、残念で我慢できなくなる。時にはうしろからツカツカ出て行き、殿下の背中を多少乱暴に突くという光景も見られた」と、明石は回想する。

戦時中の遊びと疎開

遊びは、子どものする鬼ごっこや宝さがしが多かったが、時代を反映した「水雷艦長」という集団鬼ごっこをしている。全員を「戦艦チーム」、「駆逐艦チーム」、「潜水艦チーム」に分けて、帽子のひさしを、前、横、うしろに被って区別し、戦艦は駆逐艦、駆逐艦は潜水艦、潜水艦は戦艦に負ける三すくみのゲームである。入江相政の『日記』には昭和17年に昭和天皇と皇太子（平成の天皇）、3内親王、女官、入江ら宮内官とで「水雷艦長」をしたとあり、当時、宮中内で流行っていた遊びでもあった。

そのほか御所では「ゴザ滑り」（畳表と同じゴザに乗って急斜面を滑る）など、学校では野球やサッカー、相撲などをした。沼津の水泳合宿のときなどは褌一つで組み合った。平成の天皇は安藝ノ海（昭和14年に双葉山の70連勝を止めた）のファンだったという。

学習院初等科は元来、見学や遠足が多い学校であったが、平成の天皇が在籍している学年は特に多く、戦争中でもあり、院長方針で軍関係の見学が多かった。昭和19年の初等科5年のときは、赤羽の陸軍被服本廠と王子製紙十条工場、横須賀の浦賀ドック造船所、1泊での千葉の香取神宮参拝と茨城県の北浦海軍航空隊や鹿島神宮参拝などがあった。

この初等科5年のときに、平成の天皇や初等科4年から6年までの生徒は、はじめての疎開先である沼津遊泳場に移った。平成の天皇は隣りの御用邸から毎日通学し、地引網やニュース映画会、近隣への遠足などが企画された。その後、沼津近海に米軍の潜水艦が出没するとの情報で、疎開先が日光になったが、学習院初等科は1年と2年は休校、4年と6年は伊豆の修善寺に疎開した。平成の天皇と弟宮の義宮の在籍する5年と3年が日光に移った。ちなみにのちに平成の天皇の侍従長となる渡辺允は、このとき初等科1年であった。生徒たちは日光の金谷ホテルに滞在した。平成の天皇と義宮は日光御用邸に滞在して、授業のときに金谷ホテルに通う形となった。昭和20年になると戦局も悪化し、平成の天皇と生徒らは奥日光湯元の南間ホテルに移動した。授業や行軍などしたが、食糧事情が悪く、平成の天皇も一緒になって野草や木の実を漁ったという。米軍機が遠くを飛んでいるのも見たようだ。

そして戦争終結後の昭和20年11月7日に平成の天皇や生徒たちは日光から原宿に着いた。東京は焼け野原であった。こうした平成の天皇（皇太子）の疎開や焼け跡の体験は、近代の歴代天皇としてははじめてのことであり、この経験がのちの平和志向や象徴天皇としての「帝王学」（いわば「象徴学」）の核となったのではないか。

のちに平成の天皇は昭和57年の記者会見で「東京に戻って来た時は、まずびっくりしたのは何もないということですね。建物が全然ない」とこのときの印象を語り、つづいて「国民とともに歩む皇室でなければならない（中略）、かなり古い時代は国民と接触があったわけではないですけれど、やはり国民の苦労はともに味わうということを昔の天皇はしていらした」（薗部英一編『新天皇家の自画像』）と述べている。そして天皇となってのち、平成23年の東日本大震災の被災地を見舞われた際には、同じく疎開体験のある美智子皇后とともに、終戦後の焼け野原以上の光景を前に、被災した人びとのために全身全霊をつくしたことは今も記憶に残る。

穂積重遠の進講

昭和20年8月15日から昭和24年2月26日まで東宮大夫、東宮侍従長となったのは穂積重遠であった。穂積は民法学者で、戦前から香淳皇后への進講などしばしば宮中に関わっていた。

穂積重遠『終戦戦後日記』によれば、昭和20年8月7日、穂積は東宮大夫と東宮侍従長、および翌年開設予定の御学問所の総裁就任の内意を聞いた。木戸幸一内大臣と広幡忠隆皇后宮大夫が協議して適任と推し、昭和天皇の「穂積とは重遠か、彼ならば宜し」との同意を得た結果であった。翌8日、穂積は広幡自筆の秘録を借りた。そこには、昭和14年9月の「皇太子殿下御教育要綱」があり、「皇太子殿下の御教育は初等教育、中等教育、高等教育に分ち概ね左記の要綱に依り御授け申上ぐるものとす」として、以下のようにある。

一、初等教育　小学校尋常科の教程を学習院初等科に於て受けさせらる

二、中等教育　中等程度の基本課程を御学問所に於て受けさせらる
陸軍幼年学校に御在学あらせらる
海軍兵学校及陸軍士官学校に御在学あらせらる

練習艦隊に御乗組海外御見学あそばさる

御天職に鑑み将来必要とせらるる専門教育を御学問所に於て受けさせる

三、高等教育

そのほか、中等教育では「広く実地御見学を遊ばさるるやう考慮すべし」、高等教育では「政治軍事経済文化社会各方面の実地見学を遊ばさるるものとす」との指針もあった。

学習院初等科入学前年の昭和14年段階では、初等科卒業後は御学問所を設置する方針が決まっており、その方針に沿って穂積が御学問所総裁に就任することになっていたのである。

また、当時、皇族身位令第17条により、皇太子や皇太孫は満10歳に達したるのちに陸軍および海軍の武官となり、親王や王は満18歳に達したるのちに陸軍または海軍の武官になることとなっており、平成の天皇も皇太子として陸海軍軍人としての道を歩む予定であった。しかし、この計画は、戦局の混迷もあって、昭和天皇の同意が得られず、平成の天皇は軍人となることはなかった。このことが戦後の平和国家建設の推進力としての平成の天皇（とりわけ皇太子時代）の活動を有利にしたともいえる。

さて、御学問所総裁に予定された穂積は、日光に疎開中の平成の天皇（皇太子）とともに生活し、御学問所開設の準備を進めた。昭和20年11月7日に平成の天皇とともに日光から帰京し、宮中の各種行事や東宮教育に関する各種会議などの職務を果たした。

穂積自身の作成した東宮進講目次によれば、昭和20年8月19日の「新内閣の成立について」を第1回として「幼学綱要の数節」、「和唐名詩抄」、「国際連合とは何か」、「英国王室と人民の親しみ」、「皇后陛下と戦災孤児」、「原子爆弾の出来るまで」、「日本国憲法案について」、「労働争議の話」、「蔣介石とトルーマン」など翌年12月6日までに37回の進講がなされた。また戦後の香淳皇后への進講も昭和20年12月5日の「皇太子殿下の御教育について」はじめ、「戦争と英国の王室」、「戦争犯罪裁判と平和思想」、「新憲法と華族の廃止」など数多くの進講をした。

なお昭和20年8月21日に穂積は記者団と会見し、「皇太子殿下の御近情」についての質疑応答をした。穂積は「世間ではよく帝王学といふが、皇太子なるが故に特別の御教育をするよりは、まず完成された個人として成長されるように願ってゐる」、「殿下の御教育に当たつても人間的完成といふことを第一に置きたい。帝王学は御成長のうちにおのづからなはるもので、殿下の御教育をもつて新日本の理想的な教育のさきがけとしたい」と語った（「朝日新聞」昭和20年8月23日）。

その後、穂積は後述するブライスとも東宮教育の方針を相談したり、ヴァイニング夫人の招聘にも関わり、来日後のヴァイニング夫人の接待などもした。しかし、穂積が総裁となる予定であった御学問所は開設されなかった。そして穂積は昭和24年に最高裁判事となって宮中から離れた。芦田均内閣から吉田茂内閣にかけてのこの時期に宮中改革の動きがあり、宮中の私的場である「オク」の侍従らよりも公的場である「オモテ」の長官らを重視する傾向が強まったとされ、穂積は初代宮内庁長官となった田島道治に進退を一任したのであった。

学習院中等科とレジナルド・ブライス

昭和21年4月、平成の天皇は中等科に進学した。当初、宮内省と学習院には初等科卒業後の教育は昭和天皇と同様に東宮御学問所を設け、ここで御学友らとともに将来の君主たるべき学びをする計画があった。漢文は諸橋轍次、東洋史は山本達郎、日本史は児玉幸多という講師陣まで予定されていた。諸橋は『大漢和辞典』編纂で知られる。山本は日銀総裁などを歴任した山本達雄の孫で元号「平成」の名づけ親とされる。児玉はのちに敬宮愛子内親王の浴湯の儀に読書役として『日本書紀』の一節を朗読する。

しかし、戦争に負けて、占領軍の民主化が進められるなか、山梨勝之進学習院長は、皇太子教育と学習院のあり方をマッカーサーに打診した。その間に立ったのが、学習院教授でもあったイギリス人英語教師のレジナルド・ホレイス・ブライスで、第一次世界大戦では兵役拒否し、のち菜食主義者となり、また日本統治下の朝鮮の京城帝国大学英文科助教授となり、中国語や朝鮮語、禅などを学んだ。のちに金沢の第四高等学校（現在の金沢大学）の英語教官となった。第二次世界大戦中は日本国籍取得を願ったものの敵性外国人として収容された。戦後は日米両国の間に立って、戦後日本の平和再建に尽力する。この間、昭和21年4月から平成の天皇（皇太子）の英語の個人教師となり、また学習院大学英文科教授としても英語を教えた。昭和天皇のいわゆる「人間宣言」の起草にも関わった。禅や俳句などへの造詣も深く、日本文化の国際化にも大きく貢献した。ヴァイニング来日以前の平成の天皇の思想教育に大きな影響を与えた外国人でもあった。

明石元紹は、当時の平成の天皇とブライスの個人教授のエピソードのひとつを、以下のように紹介する。

ブライスがわざと、殿下との間にエンピツを落とす。

「殿下、エンピツが落ちました。どちらが拾ったらいいですか？」

殿下が答える。

「エンピツに近い人が拾うのがいいでしょう」

エンピツはブライスの近くに落ちていた。ブライスは首を振って、

「駄目です。あなたはクラウン・プリンス（皇太子）です。近くても遠くても、クラウン・プリンスが拾わなくてはいけません」

王室のあるイギリスで育ったブライスの「紳士学」、「帝王学」というものの一端を見た気がする逸話である。ノブレス・オブリージュにつながる意識でもあろう。特権層がその特権を自己に優位に活用するのではなく、特権層であるがゆえに他者に奉仕する姿勢が求められるという「帝王学」がそこにはある。平成の天皇は、米国流の平等主義的なヴァイニング夫人の教育に接する前に、イギリス流の「紳士学」、「帝王学」に触れていたともいえる。

そしてこのブライスがマッカーサーを訪問すると、マッカーサーは御学問所構想が皇太子に超国家主義的な日本思想を教える危険性があると感じて中止させたという。この結果、

平成の天皇は学習院中等科に進学した。中等科では、学習院外から草刈廣、織田正雄らが入り、戦争などの理由で留年した藤島泰輔、山本忠夫、安田弘らが同級となった。草刈は学習院時代は野球部のピッチャーで、のちにサッポロビールに勤務し、元皇族の伏見章子と結婚する。織田はオリンピック金メダリストの織田幹雄の長男で東京銀行勤務、弟の和雄が平成の天皇と美智子皇后の結婚のキューピット役を担ったことで知られる。藤島はのちに作家となり『孤独の人』で平成の天皇の高等科時代とその御学友の姿を描き話題となった。山本は山本五十六の次男で日本放送協会につとめた。安田は安田財閥創業者の安田善次郎の曾孫で、実業界で活躍しのちにセコム監査役となる。出身ものちの職業も多種多様な人びとで、強いて言えば実業界、出版放送界につながっていった人びとといえる。

中等科は3クラスに分かれ平成の天皇は「一組」だった。この一組の講師陣は、御学問所での講師として予定されていた諸橋、山本、児玉らがそのまま講師となった。大学の講義のような布陣だった。

ヴァイニング夫人の来日

平成の天皇が学習院中等科に進学した昭和21年の10月15日、エリザベス・グレイ・ヴァアイニング（ヴァイニング夫人）が来日した。平成の天皇の家庭教師をつとめるためであった。ヴァイニング夫人が平成の天皇の家庭教師となるいきさつは、この年の3月にアメリカからの教育使節団の一行が来日し、昭和天皇が団長のジョージ・ストダード博士に平成の天皇（皇太子）の家庭教師をさがしてほしいと依頼したことにあった。初等科卒業後の御学問所構想が取りやめとなり、新時代の皇太子教育が求められていた中でのことであり、あるいはマッカーサーら米国占領軍との間になんらかの経緯があったのかもしれない。すでにイギリス人のブライスがいながら、アメリカ人の家庭教師を必要とする背景には当時の時代的な理由もあったろう。

確かに同じ英語圏でもイギリスとアメリカでは政治体制も異なるし、そこから派生する王室に対する考え方も違う。とはいえ、戦後の日本の占領の主力は米国にあり、被占領中の昭和天皇の意識はイギリスよりもアメリカに向かっていた面は否めない。アメリカ従属型の戦後天皇家のはじまりにふさわしい判断ともいえた。実際、若き日の平成の天皇の人格形成にあずかったヴァイニング夫人の影響力は大きかった。また皇室からの信頼も篤く、当初は1年任期の予定であったが4年におよび、米国帰国後も平成の天皇との交流は続いた。

ヴァイニング夫人は東宮仮御所で平成の天皇に英語の個人レッスンを受け持つほか、学習院中等科で毎週3時間の英語の授業も担当した。平成の天皇が在籍する中等科1年の「一組」での最初の授業で、ヴァイニング夫人は生徒全員に英語の名前をつける方針を考えた。その理由は、1つに生徒の名前を自分が間違って発音しないですむ、2つに今までの英語の教科書では子どもの名前が太郎や花子など日本名だが、英語の発音を教える必要があった、そして3つは、皇太子にも英語の名前をつければ「一生に一度だけ、敬称で呼ばれず、特別扱いも受けないという経験を彼（皇太子）はもつことになる」、の3点にあったという。

こうした方針のもとヴァイニング夫人はアルファベット順に並べた生徒名簿をつくり、はじめての授業に臨んだのであった。自己紹介後、まず生徒に名前を尋ねてから、このクラスでの名前を与えていった。アダム、ビリー、と次々に命名していき、皇太子のところで「あなたの名前はジミーです」と伝えた。ところが皇太子は「いいえ、私はプリンスです」と答えた。夫人は「そうです、あなたはプリンス・アキヒトです」と同意し、「それが、あなたの本当のお名前です。けれどもこのクラスでは英語の名前がつくことになっているのです。このクラスではあなたの名前はジミーです」と説明した。皇太子は楽しそうに微笑み、ほかの生徒たちもつられて笑ったという（工藤美代子『ジミーと呼ばれた日』）。

ヴァイニング夫人はゲームのルールを説明するかのように、皇太子に特別扱いされない一般の人間のひとりである空間をつくりあげたのである。この「一般の人間のひとりである空間」の経験は、その後の平成の天皇の「帝王学」あるいは「象徴学」による歩みに大きな影響を与えたともいえよう。

ちなみに、ヴァイニング夫人は帰国後の昭和44年（1969年）6月に夫人の信仰するキリスト教のクエーカー行動委員会のベトナム反戦デモに参加して逮捕されている。兵役拒否経験者のプライスや反戦デモ参加者のヴァイニング夫人らの精神と、焼け跡世代である平成の天皇の平和主義は立場を越えて互いに通ずるものがあるようにもみえる。

東宮御教育常時参与・小泉信三

経済学者であり、昭和8年から昭和22年まで慶應義塾塾長をつとめてきた小泉信三は、昭和21年に東宮御学問所参与となり、塾長退任後の昭和24年2月に東宮御教育常時参与となった。この年に満61歳となる小泉は、この年に満15歳となる平成の天皇より45歳、昭和天皇より13歳年長であった。

昭和25年4月、小泉は満16歳で高等科2年の皇太子に対する御進講に際して、「天皇は政治に干与しないことになって居りますが、而かも何等の発言をなさらずとも、君主の人格その識見は自ら国の政治によくも悪くも影響するものであり、殿下の御勉強とは修養とは日本の明日の国運を左右するものと御承知ありたし」と要望し、「注意すべき行儀作法」として「気品とディグニティ（威厳）」、「To pay attention to others（他の人びとへの気づかい）」、「人の顔を見て話を聞くこと、人の顔を見て物を言うこと」などの注意を述べた（『御進講覚書』）。

以後、小泉は平成の天皇の教育の全権委任者として、ほぼ毎週2回、福沢諭吉『帝室論』やハロルド・ニコルソン『ジョオジ五世伝』（英文）など音読しながら、意見を述べあったり、経済学の平易な講義をしたりした。イギリス流の帝王学や経済学などの知見を深めさせたのである。

平成の天皇と小泉との関わりは、進講のみならず生活全般にわたり、野球やテニスのプレーヤーでもあった小泉の「練習は不可能を可能にす」などの言葉を、平成の天皇は心に刻んでいたという。また、昭和28年のエリザベス女王戴冠式に参列する平成の天皇に同行したり、皇太子妃選考から決定、その後の妃教育に深く関わったりした。

美智子妃の支え

皇太子の結婚相手探しは当初、旧皇族や旧華族の令嬢からの選考を進めたが実現にいたらなかった。その後、旧皇族や旧華族ではない日清製粉社長令嬢の正田美智子（のち皇太子妃、皇后、上皇后）がその候補としてクローズアップされ、正田家の辞退や一部の保守勢力の反対などで難航したが、平成の天皇や小泉の尽力で実現した。

美智子皇太子妃は、皇室の伝統やしきたりなどになじみながら、一方で国民生活に寄り添った新しい時代の皇室のスタイルの実現にも寄与した。昭和天皇以来の念願であった天皇家の親子同居の実現に際しては、美智子妃はみずからキッチンに立ち、エプロンをして家族のための料理を作った。天皇皇后の名代として海外訪問する際には、民間出身のシンデレラガールというイメージの好感度とともに気さくな人柄が外国の人びとや在外邦人らに歓迎された。

平成の天皇の皇太子時代に増えた被災地慰問などでも、皇太子が自然に被災者と膝をまじえるようになるなど、同じ目線で国民と接するようになった背景には、民間出身の皇太子妃の影響も少なからずあったろう。

また、平成の天皇の焼け跡体験は、美智子妃も同じ世代として共感するものが多く、平成の天皇の戦没者慰霊の旅などの平和志向の活動を陰で支える役割を果たしたろう。

ピアノやハープなど音楽をたしなむ美智子妃は、チェロをたしなむ平成の天皇にとって「音を合わせる」楽しみももたらしたろう。ビオラをたしなむ長男の浩宮《ひろのみや》徳仁親王（令和の天皇）とともに家族で三重奏を楽しむはじめての天皇家ともなった。

かつて御学友たちにその孤独な姿を描かれたりもした平成の天皇を孤独な世界から救ったのは美智子妃だったといえよう。それは平成の天皇の学びとたしなみを支え、さらに深める役割を果たすよき理解者であり、「同士」ともいえた。美智子妃はキリスト教徒ではないが、キリスト教的な慈愛精神を持ち、その慈愛精神が遠藤興一『天皇制慈恵主義の成立』が指摘する伝統的な皇室の慈恵主義と相まって、平成の天皇と国民との距離を一層近づける役割を果たしたともいえる。

増えた「公的行為」

日本国憲法第4条には「天皇は、この憲法の定める国事に関する行為のみを行い、国政に関する権能を有しない」とある。「国事」に関する行為とは、具体的には第7条にあり、たとえば国会を召集すること、衆議院を解散することなどの10項目である。しかし、実際には平成の天皇は、国事に関する行為以外にも、いくつかの活動を活発にしてきた。そのことを憲法違反と指摘する声も一部にはあるが、国民の大多数は、天皇の「公的行為」、「私的行為」として容認し、支援している。

「公的行為」はたとえば、外国訪問、被災地見舞い、園遊会、国民体育大会などの行幸、宮中晩餐会の主催などである。これらは憲法上の規定はないが、「象徴」という地位に基き公的な立場で国民の利益のために行っている。また、内閣の助言や承認もあり、大多数の国民の支持を得ている。

「私的行為」は宮中祭祀など皇室の伝統的かつ宗教的なものと、学問研究やコンサートなどの音楽鑑賞など個人的なものがある。宮中祭祀は宗教的意味があるので、政教分離や信仰の自由を定めた憲法に反するため、国が行うのではなく、天皇家が私的に行なうのである。また平成の天皇であれば、ハゼの分類学やチェロの演奏などが禁じられることはなく、私的な活動として認められているわけである。

ところで平成の天皇の活動で特筆されるのは「公的行為」の数と質の拡がりである。平成の天皇は皇太子時代からふくめて歴代天皇として皇后とともに一番数多く海外親善訪問をし、かつ一番多くの国を訪れた。皇太子時代だけで47カ国、天皇となってからの公式訪問回数は20回、訪問国は立ち寄り国をふくめてのべ47カ国を数えた。また国内の行幸啓は定例の全国植樹祭、国民体育大会、全国豊かな海づくり大会の三大行幸啓のほか、都内での全国戦没者追悼式をはじめ、こどもの日、敬老の日、障害者週間などに関連施設を訪問した。さらに火砕流、地震、風水害などの被災地への慰問もした。そして戦後50年の平成7年以降に、長崎、広島、沖縄、東京など各地の慰霊碑を拝礼し、硫黄島、サイパン島、パラオ・ペリリュー島への慰霊の旅も重ねた。こうした「公的行為」の拡大には政府の助言や承認もあり、多くの国民の支持もあった。

これらの海外親善訪問や行幸啓こそが、この章の冒頭にふれたように、平成の天皇にとっての「象徴天皇」として「象徴」たることの証でもあり、その全身全霊での遂行が平成の天皇の「象徴学」ともいえた。この「象徴学」は、従来の「帝王学」と相反するものではなく、むしろ従来の「帝王学」をベースとした人格形成の上に成りたち、日本国憲法における「象徴」としてのふるまいのあるべき姿を目指す理念といえよう。こうした「象徴学」は平成の天皇によって自覚的に形成されはじめ、令和の天皇の代以後にその継承と発展が期待される理念となっている。

第7章

令和の天皇の模索と皇嗣家の迷走

停滞する公的行為

平成の天皇によって自覚的に形成されはじめた「象徴学」は、令和の天皇の代以後にその継承と発展が期待されているが、令和の代替わりになって世界的にコロナが広まり、令和の天皇はその活動の縮小を余儀なくされた。海外親善訪問のみならず、国内の行幸啓も中止や延期が続いている。令和4年になって、いくつかの「公的行為」が再開されはじめたが、まだ試運転段階であり、平成の天皇がつくりあげてきた「象徴」としての天皇の行為の継承と発展にはいたらないのも事実である。

そうしたなかでも令和の天皇は、新時代への始動を忍耐強く待ちつづけているのだろう。それは令和の天皇の内面にある「帝王学」、そこから派生した「象徴学」が、いつ動き出そうかとその時期を摸索しているかのようにも見える。

令和の天皇はその即位にあたり、「象徴天皇」としての営みの踏襲を、令和2年2月21日の誕生日記者会見で、以下のように語った。

日本国及び日本国民統合の象徴としての私の道は始まってまだ間もないですが、たくさんの方々からいただいた祝福の気持ちを糧に、上皇陛下のこれまでの歩みに深く思いを致し、また、歴代の天皇のなさりようを心にとどめ、研鑽《けんさん》を積み、常に国民を思い、国民に寄り添いながら、象徴としての責務を果たすべくなお一層努めてまいりたいと思っております。

平成の天皇の歩みのみならず、歴代天皇の「なさりよう」も、令和の天皇の指標となっているのである。そのことは、令和の天皇のいくつかの発言からも伝わる。

なかでも105代後奈良天皇への強い思いは、皇太子時代の平成29年の誕生日記者会見で語られた。平成の天皇が譲位の思いを国民に語ったころのことで、令和の天皇は後奈良天皇がみずから写経した般若心経の1巻にふれたときの感動をこう述べた。

私は、愛知県西尾市の岩瀬文庫を訪れた折に、戦国時代の16世紀中頃のことですが、洪水など天候不順による飢饉や疫病の流行に心を痛められた後奈良天皇が、苦しむ人々のために、諸国の神社や寺に奉納するために自ら写経された宸翰般若心経のうちの一巻を拝見する機会に恵まれました。紺色の紙に金泥で書かれた後奈良天皇の般若心経は岩瀬文庫以外にも幾つか残っていますが、そのうちの一つの奥書には「私は民の父母として、徳を行き渡らせることができず、心を痛めている」旨の天皇の思いが記されておりました。災害や疫病の流行に対して、般若心経を写経して奉納された例は、平安時代に疫病の大流行があった折の嵯峨天皇を始め、鎌倉時代の後嵯峨天皇、伏見天皇、南北朝時代の北朝の後光厳天皇、室町時代の後花園天皇、後土御門天皇、後柏原天皇、そして、今お話しした後奈良天皇などが挙げられます。私自身、こうした先人のなさりようを心にとどめ、国民を思い、国民のために祈るとともに、両陛下がまさになさっておられるように、国民に常に寄り添い、人々と共に喜び、共に悲しむ、ということを続けていきたいと思います。

後奈良天皇が即位したのは戦国時代で、洪水や飢饉、疫病もひろがっていた。皇室財政も逼迫しており、後奈良天皇は戦国大名らの寄進を受けて、践祚後10年後にようやく即位式ができたほどであった。そんな時代の天皇が民の生活の安寧のためにみずから写経したことに、令和の天皇は感銘した。しかも、後奈良天皇以前の歴代天皇も民を思う心から写経をしていた事実をその胸に刻んだ。史学を専攻した学びの文脈のなかで、歴代天皇の営みを知り、そのことが「象徴天皇」としてのみずからの心構え、いわば令和の天皇なりの

「象徴学」につながっていったともいえる。

両親の教えとみずからの研鑽

平成の天皇には将来の天皇となるための教えを担当する「教育顧問」のようなシステムがあった。平成の天皇の幼稚園時代から学習院初等科とそれ以後の時代の教育とその担当者などについては前章でふれたが、令和の天皇の教育には専門の「教育顧問」は配置されなかった。しいていえば、両親と既存の学習院の教育システム、そして英国留学のなかで育ったといえる。

昭和51年10月18日、美智子皇太子妃（のち皇后、上皇后）は42歳を前にした誕生日記者会見で、記者から「皇太子殿下の時の小泉信三のような人を浩宮様（令和の天皇）にも、とお考えではありませんか」と問われ、「小泉先生のような立派な方がいらっしゃればと、浩宮が中学生の頃から望んでいましたが……人選がむずかしく、まだ実現していません。（帝王学は）陛下、殿下に触れて学んでいますが、その他に適当な人がいればと思っています」と答えた。「陛下、殿下」とは昭和天皇と平成の天皇（当時は皇太子殿下）のことである。つまり、中学時代まで、令和の天皇は祖父と父である天皇と皇太子に触れて「帝王学」を学んでいたというのである。

またその2ヶ月後の12月17日、平成の天皇（皇太子）の43歳の誕生日を前にした記者会見では、記者から「浩宮様に教育顧問のような人を依頼する考えは」と問われ、平成の天皇は、「私の場合、小泉（信三）先生、安倍（能成）院長、坪井（忠二、地震学の権威で東宮教育参与）博士と三人いました。小泉先生は常時「参与」という形で……。私はその影響を非常に受けました。私などは「参与」という形がほしいと思ったが、宮内庁は必ずしもそうでなくてもよいのではという考えでした」と答えた。

平成の天皇は小泉信三のような教育参与を求めていたが、宮内庁がこれに同意していなかったのである。

さらに記者は「浩宮様にはどういう帝王学をお考えですか」と問い、平成の天皇は「帝王学という言葉が適切かどうかとも思いますが、たとえば、日本の文化、歴史、とくに天皇に関する歴史は学校では学べないものです。それをこちらでやっていくことはしたい。来年は（浩宮も）高校3年になり、時間的にはとりやすくなる。「象徴学」は一つの言葉で表せないと思います。いろんな材料を与えて、それを咀嚼《そしゃく》していくかが大事です」と答えた。

平成の天皇は「帝王学」ではなく「象徴学」という言葉を用い、具体的には日本の文化、歴史の学びをあげ、とりわけ天皇の歴史は学校では学べないので、平成の天皇家（皇太子家）で教えていきたいと語ったのである。学校での日本史、家での天皇の歴史の学習が「象徴学」の基本だというわけだ。

「ナルちゃん憲法」

先にもふれたが、幼少時の令和の天皇は、かつて皇子女たちが複数の侍女や側近に育てられた時代とは異なり、両親、とりわけ母である美智子皇太子妃によって養育され、教育された面が強い。皇太子と皇太子妃（将来の天皇皇后）が直接、子育てをしたのである。

令和の天皇は、平成の天皇の長男として昭和35年2月23日に生まれた。諱が「徳仁《なるひと》」で称号を「浩宮」と称した。「ナルちゃん」は愛称である。

美智子妃の懐妊が発表された後の昭和34年12月21日の平成の天皇の26歳の誕生日前の記者会見では、記者から「何か教育方針のようなもので考えられていることがあれば」との質問に、平成の天皇は「『おもうさま』『おたたさま』の言葉は今まで通り使い、高校ぐらいまでは手元で育てたい。教育的要素が出てくる程度に大きくなったら、私も発言したいと思います」と、高校になったら父宮として教育に介入したいとの意を語った。
令和の天皇の誕生直後に平成の天皇と皇后（美智子妃）は、生まれたばかりの令和の天皇（浩宮徳仁親王）を東宮御所に預けて2週間ほど米国に親善訪問にでかける。出発前の記者会見では「留守中の浩宮様が心配ですね」と問われ、美智子妃はこう答えた。

東宮侍医長もついているし、生まれてからずっと世話してくれる人がいるし、心配はありません。2週間たって会うとずいぶん大きく元気になっていると楽しみにしています。「デンデン太鼓にしょうの笛」など子守歌を3つ、テープにハミングで吹き込みました。私の声を忘れないように時々かけて聞かせてもらうわけです。

留守を預かる側近のために美智子妃が直接書き残した育児メモには、「一日に一回くらいはしっかり抱いてあげてください。愛情を示すためです」などと書かれた。これらのメモが帰国後もノートとして残され、のちに「ナルちゃん憲法」とよばれた。「徳仁」の「ナル」である。「ナルちゃん憲法」には「愛情」、「自信」、「厳しさ」、「集中力」、「学習」などについての育児方針が理論的かつ整然とまとめられ、平成の天皇の東宮時代の侍従で徳仁親王と礼宮《あやのみや》文仁親王（秋篠宮）の御養育係でもあった浜尾実は「世のお母さまがたに読んでいただきたい最高の育児書」と称賛した。

ちなみに浜尾の曽祖父は明治天皇の侍講で洋学を進講した加藤弘之。また祖父は大正時代に東宮御学問所副総裁として昭和天皇の教育に関わった浜尾新《あらた》。弟の浜尾文郎《ふみお》はカトリック教会枢機卿として知られる。浜尾実も、弟ともに洗礼を受けたクリスチャンであり、昭和46年に退官して後は、聖心女子学院中等科・高等科で理科を担当し、定年退職後には長野県諏訪市のカトリック系高齢者住宅に住み、同県岡谷市の聖母幼稚園園長をつとめた。令和の天皇（浩宮徳仁）や秋篠宮（礼宮文仁）からは「オーちゃん」と呼ばれ慕われた。

はじめてのひとり旅

浜尾が正式に令和の天皇の御養育掛になったのは昭和36年5月であった。まだ1歳3ヶ月だった令和の天皇は、「ブーブー」、「ワンワン」、「ナイナイ」などと歌を歌うようにおしゃべりしながら、砂場で砂山をつくっては壊し、壊してはなおししていたという。この日から浜尾は10年間、26時中行動をともにした。2歳ごろからしつけがはじまり、浜尾は「三つ子の魂百まで」という言葉を意識し、我が子に対するように親身になって、「褒めるときはしっかり褒め、叱るときは厳しくしかる」という姿勢で臨んだ。

令和の天皇は粘り強くがんばる性格で、途中で投げ出すことなく最後までやり抜こうとする努力型の性格であり、苦手な洋服のボタン留めも苦労しながらした。ボタンが一つとまると、令和の天皇はホッとした表情を浮かべ、浜尾はそのタイミングで「よくおできになりましたね」と褒める。令和の天皇は褒められた以上に、自分はがんばったという満足感が生まれ、すがすがしい笑顔になったという。

なかでも浜尾は「公私の別」のしつけに心を払ったが、その理由をこう述べる。

殿下（令和の天皇）が両陛下（平成の天皇と皇后）とお住まいになっている東宮御所は、ご一家の生活の場であると同時に、公的な機関でもあります。内外からの大切なお客さまをお迎えすることもあるし、私たち侍従も数多く立ち働いている。また、お庭の手入れに勤労奉仕してくださる団体の方々も訪れる。つまり東宮御所は、殿下にとって〝家庭〟であり、〝社会〟であったのです。

皇室の家族同居において難しいのは、公的空間と私的空間の区別だろう。それは生活空間の分離だけでは処理できず、公的に訪れる多くの外来者とふれる機会も増える。幼少であれば、両親の前で公私の区別がなかなかとりにくく、このことが皇族の幼少時の教育の問題ともいえる。実際、若き日の昭和天皇が皇女との家族同居を望みながら、側近の前で公私の別がうまくできない皇女のふるまいもあって、別居せざるをえなくなった例もあった。

令和の天皇は学習院初等科時代の昭和40年5月、満5歳ではじめて東京都内のデパートで買い物をした。文具売り場で学用品を、書籍部で『怪獣事典』を選び、350円をみずから払った。自分でお金を払ったはじめての経験だった。また東宮御所に近い港区赤坂の一ツ木通り商店街で八百屋、魚屋、理髪店、洋品店など見学し、人々の日常生活の一端にふれた。

同じ年、令和の天皇は静岡県浜名湖方面にひとり旅をし、浜尾がつきそった。はじめて新幹線に乗り、浜松駅のホームでは出迎えの要人たちに礼儀正しく挨拶し、ミカンの選果、養鰻場、楽器工場などを見学した。泊りは浜名湖の西気賀保養所という民間の別荘であった。このときの令和の天皇の礼儀正しいふるまいなどは、浜松市のビデオに収められ、昭和天皇や平成の天皇たち皇室の一家が鑑賞し、感心している。

そのこともあって、その翌年から平成の天皇の一家は毎夏、西気賀保養所に宿泊して過ごすようになる。昭和43年から48年まで毎年、平成の天皇皇后と令和の天皇が遊泳やホタル狩りで過ごした。まだ幼少の秋篠宮、紀宮（黒田清子）のほか、鷹司和子も同行する年もあった。昭和52年と53年にも平成の天皇一家が遊泳のほか、地元の祇園祭やキャンプファイヤーなどで過ごした。こうしたつながりから、西気賀保養所のある五味半島は、プリンス岬と呼ばれるようになった。このプリンス岬での夏休みは、令和の天皇の水泳訓練が主な目的であり、また令和の天皇と同年代の地元の生徒たちとのボート遊びのほか、野球チームを結成しての対抗試合も行われた。将来の天皇となるべき長男への「象徴学」教育ともいえた。

両親と学習院

令和の天皇は昭和39年に学習院幼稚園に入り、初等科、中等科、高等科を経て同53年に同大学の文学部史学科に進み、日本史学を専攻して、ゼミで安田元久教授の指導を受けた。さらに大学院修士課程在学中の同58年にイギリスのオックスフォード大学（マートン・コレッジ）へ留学し、数年後にテムズ川水運史の実証的研究で名誉法学博士号を授与される。

初めて東宮御所で両親と同居し、皇太子妃である母と一緒に『奥の細道』を通読するなど、両親である皇太子と同妃の一貫した教育方針で育った天皇でもある。初等科卒業記念作文で、「二十一世紀に大学の日本史の教授」となる夢を語っていた。先にもふれたが、中等科から高等科のころ、両親は小泉信三のような参与を求めたが、宮内庁に「必ずしもそうでなくてもよいのでは」と言われ、「帝王学」(「象徴学」)に必要な天皇に関する歴史は学校などで学べないから、独自に学習院大学の児玉幸多学長、黛弘道教授や東京大学の笹山晴生教授などから「天皇の歴史」を学ぶようになった。

他方、初等科・中等科を通して、宇野哲人・精一父子から『論語』などの素読と通釈を受けている。父の宇野哲人は、中国哲学研究者であり、戦前には宮中の講書始の控えとなり、また昭和天皇に漢書の進講を行った。戦後は「浩宮徳仁」と「礼宮文仁」の命名の儀にも関与し、美智子妃の依頼で幼少の二人に『論語』を進講した。宇野精一は哲人の長男で、同じく中国哲学研究者で、宮中での進講もつとめ、元号法制化運動なども推進した。また平成の元号の候補案の「正化」の考案者としても知られる。

大学卒業後のイギリス留学中は英語の修練、水運史の研究に励みながら、学生寮で身の周りのこと(洗濯や買物)を自分でした。休暇には国内のみならず、ヨーロッパ13カ国を回り、とくにノルウェー、ベルギー、オランダ、スペインなどの王室と親交を深めている(『テムズとともに』)。その後、水の研究を生涯のテーマとし、昭和62年のネパール訪問では水汲みに苦労する子供たちへの視野を持ち、以後も水害被災者の痛みを人として共有する姿勢がみられ、そのまなざしには「帝王学」や「象徴学」につながる発想が感じられる。

なお、令和の天皇が皇太子になったころ、将来のために必要な教養を身につけるために組織された「梓会」という勉強会がある。お印「梓」から命名された。はじめは進講の形をとったが、次第に美術、歴史、経済、音楽などに精通する専門家ら約15名で構成される会に発展し、水の専門家も参加する。不定期に都内の美術館などで開催され、毎回4、5時間ほどメンバーが紹介するテーマに応じて、それぞれの意見を交わしてきたという。

兄宮と弟宮

古代における壬申の乱は、兄弟による皇位継承の危うさの例とされるが、歴代天皇家の皇位継承において兄弟相続が常に危ういものであったわけではない。神話の時代ではあるが、23代顕宗天皇と24代仁賢天皇は兄が弟に先に皇位を譲った例でもあった。以後も、兄弟相続は数多くあり、そのたびに乱が起きたわけではない。とはいえ、穏便に見えた51代平城天皇と52代嵯峨天皇の間で側近勢力による薬子の変が起きたように一定の緊張関係が生じたのも確かであった。兄弟の間は穏便でも、側近など周辺の力学でいらぬ緊張が生まれることはしばしばみられた。

近現代においても兄宮と弟宮の関係は微妙な緊張関係のなかにあった。明治天皇と大正天皇には兄弟宮はなかったが、昭和天皇には秩父宮、高松宮、三笠宮の3人の弟宮がいた。まだ幼少のころは年の近い、秩父宮、高松宮と同居して、ともに学び遊んだ。

しかし長男である昭和天皇が次期の皇位継承者である東宮になることで、次男、三男とも別居し、東宮として規模の大きい御殿に住み、数多くの側近の世話を受けた。東宮御学問所は、東宮のための特別な教育機関であり、次男、三男、四男には、そうした特別な機関は設けられなかった。将来の天皇になる皇子はひとりだけであり、その皇子のためだけの教育がなされたのである。それは戦前であれば「帝王学」、戦後であれば「象徴学」とよばれるものであった。「帝王学」にせよ「象徴学」にせよ、唯一の天皇になるための学びであり、同様の学びを東宮ではない弟宮たちにさせることはない。弟宮たちの「帝王学」は「帝王に仕える臣下」としての態度やふるまいを学ぶものであり、東宮と同じ立場で学ぶことは、むしろ許されなかった。

とはいえ、東宮が天皇となりその治政を行うなかで、天皇のやり方などに違和感を持つ側近や支援者たちが弟宮に期待を寄せる事態も生まれていった。陸軍青年将校たちが秩父宮を担いで、平和主義的な昭和天皇と代えたがった動きもそのひとつであろう。高松宮などは悪化する戦局のなかで天皇の方針に同意できず、かつ自分がたんなる天皇のスペアでしかないことに煩悶したりした（小田部雄次『昭和天皇と弟宮』）。戦後になっても、高松宮や三笠宮は国民と直接ふれあい戦後民主主義に溶け込もうとしたが、天皇家の家長としての昭和天皇はそうした弟宮たちの「奔放で」、「無責任な」ふるまいが気になっていた（『昭和天皇拝謁記』）。

こうした天皇や弟宮たちとの間の微妙な齟齬は、歴代天皇家の伝統を受け継いだ家長としての自覚を持たされた天皇と、その「臣下」と位置づけられてきた弟宮との意識の差から生まれ、かつ戦後の自由で大衆化された社会を肯定する時代の価値観により増幅されたともいえる。

東宮になる兄宮と東宮にならない弟宮との教育の差は、令和の天皇と秋篠宮の養育においてもみられた。そもそもが令和の天皇と秋篠宮はもともとの個性が違い、御養育掛であった浜尾実は「慎重派の兄君と自由奔放な弟君」と見ていた。その違いは両者の結婚のあり方に如実に示され、弟宮は満24歳の誕生日前に23歳になったばかりの川嶋紀子と婚約し、それも昭和天皇の服喪中であった。兄宮は満33歳になる直前に満30歳で外務省職員であった小和田雅子と婚約した。最初の出会いから6年が過ぎていた。

こうした性格の違う兄弟だが、秋篠宮誕生直後の記者会見で皇太子であった平成の天皇は、「二人の子が通学するようになると、それぞれお供や護衛の違いが出てくるだろうが、私は可能な限り、分け隔てしないでいきたい。それまでは、上の方［浩宮］は自由に、下の方［礼宮］は窮屈にとの方針で育てたいと考えています」と養育方針を語った。通学するようになるまでは、兄は自由に、弟は窮屈にと、育て方を違えるというのである。兄は将来、天皇として窮屈になるから、弟は自由になるからという。実際、成長するにつれて兄はストイック、弟はフレンドリーという印象の生き方になった。「分け隔てしない」とはいえ、平成の天皇も、将来の天皇となる令和の天皇と、天皇となる予定のない秋篠宮とでは、接し方がまったく同じにはならなかった。

そもそも前近代においても東宮傅や学士は東宮のために置かれ、近代以後の御学問所も東宮のために設置された。平成の天皇の代に御学問所はなくなったが、教育参与など多くの識者が「帝王学」さらには「象徴学」の進講に尽力した。令和の天皇の代になって、教育参与もなくなり、両親の教育と支援によって令和の天皇と秋篠宮の教育はなされてきたが、天皇としての自覚を促されてきた令和の天皇と、弟宮としての一生を予定されていた秋篠宮とでは「象徴学」への取り組み方の熱意が異なっていった。

暗中模索の時代へ

総じて、平成の天皇も令和の天皇も、天皇となって後も、明治、大正、昭和と同様、毎年正月に人文・社会・自然科学の専門家から講書始で進講を受けている。また歴代天皇の式年祭に先だって、それらの天皇の事蹟の進講を専門家から受ける。さらに三権の代表や主要省庁の幹部から内政・外交などの説明も受け、現実の政治や社会、経済の問題への視野を広げている。他方、各皇族は現皇室内部の方々から皇族の心得などを学ぶしかないのが現状だ。天皇皇后およびその直系の同居皇族と、傍系の宮家皇族では教育の機会や情報収集の規模がおのずから異なっている。そのため、天皇家と宮家皇族との間に、現状認識の違いや、そこから発生する皇族としてのふるまいの原則が異なってしまうことも少なくない。また、かつての家父長制度が皇室内でも弱まり、天皇家と宮家皇族との間の一体感は緩みはじめているようにもみえる。

そうしたなか、悠仁親王の誕生で、弟宮として皇位継承者としての教育を充分には受けてこなかった秋篠宮文仁親王が突如皇嗣となり、次代の天皇となることが予定されるようになった。この突然の皇位継承者への道は、秋篠宮文仁親王の「象徴学」の迷走の一因となっている面もあろう。フレンドリーな性格の秋篠宮は、かつての秩父宮、高松宮、三笠宮に似た自由奔放路線に傾きがちである。それはこれからの新時代に適合する皇室としての可能性も内包している面もあろう。他方、歴代天皇家の伝統と慣行をどこまで背負っていけるかという家長としての信念と責任感に欠けるきらいもある。長女である眞子さんの結婚に関し、皇族の自由や私生活の大事さを主張しつつも、皇室の伝統やしきたりに対応できないまま迷走してしまっていることに、そうした秋篠宮の苦衷があるようだ。そして、将来の天皇に予定される悠仁親王の養育にあたり、かつてのような東宮傅も、御学問所も、教育参与も設けられず、ひたすら紀子妃の奮闘にかかっているのが現状である。

日本をとりまく環境も急激に変化しはじめ、かつては平和のシンボルであった戦後の天皇家の役割にも変化がうまれるかもしれない。国民とともに歩み、被災者や社会的弱者に寄り添う姿も変わっていくかもしれない。その変化によって皇室と国民との間の信頼関係にも変化が起こるかもしれない。

こうした変動の時代のなかで、悠仁親王がどのような天皇になっていくのかは誰も予測できないし、これからの皇室がどのような道を選び、国民とどのような関係を築いていくのかも未知数である。ただ、歴代天皇の学びとたしなみの歴史の文脈から考えると、「帝王学」や「象徴学」を体系的に学ぶ場も失った現在の皇室にとっては、暗中模索の険しい道のりが続くのではないか。

主要参考文献等一覧（引用順を原則とし、重複する文献等は初出のみ記す）

第1章

米田雄介編『令和新修　歴代天皇・年号事典』吉川弘文館、２０１９年
皇室事典編集委員会編著『皇室事典　令和版』角川書店、２０１９年
花見薫『天皇の鷹匠』草思社、２００２年
宮内省式部職編纂『放鷹　新装版』吉川弘文館、２０１０年
宮内庁ＨＰ（https//www.kunaicho.go.jp/）
江口孝夫全訳注『懐風藻』講談社、２０００年
高森明勅「皇太子が胸に刻む訓戒の書『誡太子書』の苛烈な内容」『ＳＡＰＩＯ』、２０１９年4月号
（https://www.news-postseven.com/archives/20190321_873028.html/?DETAIL）
豊永聡美『天皇の音楽史　古代・中世の帝王学』吉川弘文館、２０１７年

第2章

小田部雄次『天皇・皇室を知る事典』東京堂出版、２００７年

刑部芳則『公家たちの幕末維新』中央公論新社、２０１８年
小田部雄次『華族』中央公論新社、２００６年
徳重浅吉『孝明天皇御事績紀』東光社、１９３６年
宮内省先帝御事蹟取調掛編『孝明天皇紀　全5巻・綱文・附図』平安神宮、１９６７年〜１９８１年
藤井讓治・吉岡眞之監修・解説『孝明天皇実録　全2巻』ゆまに書房、２００６年
霞会館華族家系大成編輯委員会編『平成新修　旧華族家系大成　全2巻』吉川弘文館、１９９６年
小田部雄次『皇族』中央公論新社、２００９年

第3章

伊藤之雄『明治天皇』ミネルヴァ書房、２００６年
宮内庁『明治天皇紀　全12巻』吉川弘文館、１９６８年〜１９７５年
木村毅『明治天皇』新人物往来社、１９７４年
沼田哲編『明治天皇と政治家群像―近代国家形成の推進者たち―』吉川弘文館、２００２年

第4章

原武史『大正天皇』朝日新聞社、２０００年

古川隆久『大正天皇』吉川弘文館、2007年
F・R・ディキンソン『大正天皇』ミネルヴァ書房、2009年
木下彪謹解『大正天皇御製詩集謹解』明徳出版社、1960年
石川忠久編著『大正天皇漢詩集』大修館書店、2014年
岡野弘彦『大正天皇御集　おほみやびうた』明徳出版社、2002年
学習院編『開校五十年記念　学習院史』学習院、1928年
宮内省図書寮『大正天皇実録　補訂版　全6巻』ゆまに書房、2016年〜2021年

第5章

宮内庁編修『昭和天皇実録　全18巻・人名索引・年譜』東京書籍、2015年〜2019年
白洲正子『白洲正子自伝』新潮社、1999年
髙橋紘『人間　昭和天皇　上下』講談社、2011年
大竹秀一『天皇の学校　昭和の帝王学と高輪御学問所』文藝春秋、1986年
猪狩又蔵編『倫理御進講草案』杉浦重剛先生倫理御進講草案刊行会、1936年
木戸日記研究会編『木戸幸一日記　上下』東京大学出版会、1966年
黒田勝弘・畑好秀編『昭和天皇語録』講談社、2004年

田島道治『昭和天皇拝謁記　全7巻』岩波書店、2021年〜2023年
高橋紘『陛下、お尋ね申し上げます』文藝春秋、1988年
岩見隆夫『陛下の御質問』文藝春秋、2005年
所功編著『昭和天皇の大御歌』角川書店、2019年
中島宝城「歌会始の歴史と現在」（菊葉文化協会編『宮中歌会始』毎日新聞社、1995年）

第6章

竹内正浩『旅する天皇』小学館、2018年
明石元紹『今上天皇　つくらざる尊厳』講談社、2013年
入江相政『入江相政日記　全6巻』朝日新聞社、1990年〜1991年
薗部英一編『新天皇家の自画像　記者会見全記録』文藝春秋、1989年
穂積重遠『終戦戦後日記』有斐閣、2012年
上田邦義『ブライズ先生、ありがとう』三五館、2010年
エリザベス・グレイ・ヴァイニング『皇太子の窓』文藝春秋新社、1953年
工藤美代子『ジミーと呼ばれた日』恒文社21、2002年

小泉信三『御進講覚書』（山内慶太・神吉創二・都倉武之編『アルバム　小泉信三』慶應義塾大学出版会、２００９年所収）
神吉創二『伝記　小泉信三』慶應義塾大学出版会、２０１４年
楠茂樹・楠美佐子『昭和思想史としての小泉信三』ミネルヴァ書房、２０１７年
小川原正道『小泉信三』中央公論新社、２０１８年
遠藤興一『天皇制慈恵主義の成立』学文社、２０１０年

第7章

松崎敏彌『ナルちゃん憲法』日本文芸社、２００１年
浜尾実『浩宮さまの人間教育』婦人生活社、１９７２年
浜尾実『殿下とともに』角川書店、１９９３年
小田部雄次『皇室と静岡』静岡新聞社、２０１０年
徳仁親王『水運史から世界の水へ』ＮＨＫ出版、２０１９年
徳仁親王『テムズとともに』学習院教養新書、１９９３年
小田部雄次『昭和天皇と弟宮』角川書店、２０１１年

天皇家《てんのうけ》の帝王学《ていおうがく》

二〇二三年 六 月一九日 第 一 刷発行

著　　者　小田部雄次《おたべゆうじ》
©Yuji Otabe 2023

発 行 者　太田克史《おおたかつし》

編集担当　片倉直弥《かたくらなおや》

発 行 所　株式会社星海社
〒一一二-〇〇一三
東京都文京区音羽一-一七-一四 音羽YKビル四階
電　話　〇三-六九〇二-一七三〇
FAX　〇三-六九〇二-一七三一
https://www.seikaisha.co.jp

発 売 元　株式会社講談社
〒一一二-八〇〇一
東京都文京区音羽二-一二-二一
(販 売) 〇三-五三九五-五八一七
(業 務) 〇三-五三九五-三六一五

印 刷 所　凸版印刷株式会社

製 本 所　株式会社国宝社

アートディレクター　吉岡秀典《よしおかひでのり》(セプテンバーカウボーイ)

デ ザ イ ナ ー　山田知子《やまだともこ》＋門倉直美《かどくらなおみ》(チコルズ)

フォントディレクター　紺野慎一《こんのしんいち》

校　　閲　鷗来堂《おうらいどう》

ISBN978-4-06-532215-4
Printed in Japan

265
SEIKAISHA SHINSHO

210

皇室と学問

昭和天皇の粘菌学から秋篠宮の鳥学まで

小田部雄次

皇室の私的な学問研究から見えてくる、もう一つの日本近代史!

皇族は多忙な公務の傍らで学問研究に励んできた。例えば粘菌学者の昭和天皇と魚類学者の明仁上皇は、親子二代で世界的博物学会・リンネ協会の会員に名を連ね、山階宮家の山階芳麿が作った山階鳥類研究所は鳥学の権威として約一世紀の歴史を持つ。しかし私的な行為である皇族の研究は、実際には公的な行為と密接に関わっている。平成の天皇が魚類学の知識を活かし、食糧事情改善のためブルーギルを日本に持ち帰ったことはその好例だ。なぜ皇族たちはかくも学問に尽力するのか、その理由は戦後の特異な皇室制度と不可分だ。皇族の学問研究を紐解くことは、戦後日本の栄華と矛盾を直視することに他ならない。

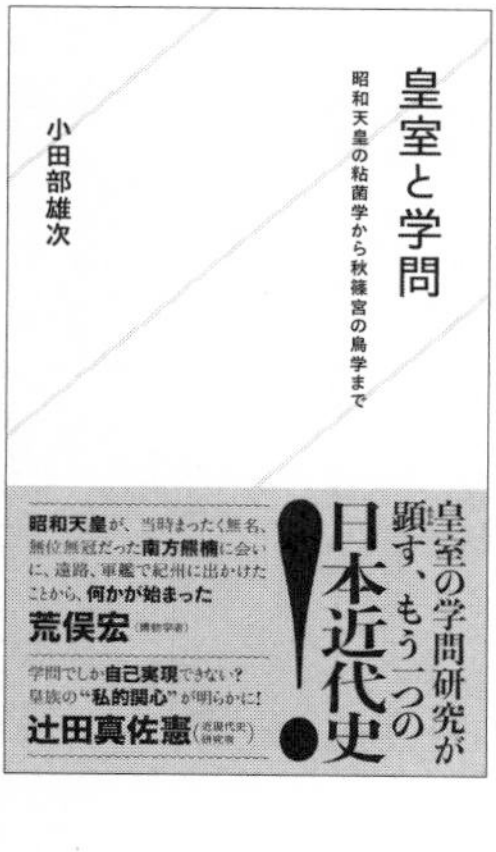

246

大使が語るジョージア

観光・歴史・文化・グルメ

ティムラズ・レジャバ
ダヴィド・ゴギナシュヴィリ

大使自ら案内する、魅惑の国ジョージアの奥深い世界

ジョージアという国はヨーロッパとアジアの境界にあり、文明の十字路として古来から豊かな文化と自然を育んできました。今ではその魅力が評価されて世界中から多くの観光客が訪れ、日本でもシュクメルリやジョージアワインといったグルメや、ゲームの世界が現実になったような世界遺産建築で注目されています。しかし、まだ日本で知られていない素晴らしいところがたくさんあります。本書ではその奥深い魅力を、在日ジョージア大使である私ティムラズ・レジャバと、慶應大学と大使館を拠点に活躍する国際政治学者のダヴィド・ゴギナシュヴィリがご案内します。ジョージアへいらっしゃい！

244

旅行の世界史

人類はどのように旅をしてきたのか

森貴史

古代から現代まで、人類は「旅」とともに世界を作ってきた！

人類は、旅によって未知の世界に触れることで発展してきた。はるか昔、アレクサンドロス大王の東方遠征は古代秩序を一変させ、大航海時代の冒険者たちは新大陸を発見して大陸間交易のパイオニアとなった。個人レベルでも聖地巡礼や遍歴修行、さらに近世の修学旅行というべきグランドツアーは旅行者の感受性や人格を豊かにしてきたことだろう。そして鉄道や自動車といった旅行のために用意されたテクノロジー、パックツアーやガイドブックといった旅行から派生したビジネスモデルも世界の風景を大きく変えてきた。本書は、紀元前から現代に至る旅行像の変遷を明らかにする。

251

電力危機

私たちはいつまで高い電気代を払い続けるのか？

宇佐美典也

現在の電力危機と電力の未来を、百年超の電力産業史と最新のデータで徹底解明！

現在、日本の電力事情は危機的状況にある。エネルギー不足を受けて電気代はかつてなく高騰し、電力不足を告げる警報も一度ならず発出されている。日本経済の未来に大きな影響を及ぼしかねないこの惨状は、２０１１年の東日本大震災以降、具体的なビジョンなきままに進められた日本の電力改革が行き着いた必然の結果である。本書では、１世紀以上にわたり発展してきた電力産業の現在までの歩みを概観し、日本が今後直面する危機の実情を明らかにするとともに、エネルギー業界の第一線でコンサルティングを行う著者が実地で練り上げた、今こそ日本が取るべきエネルギー戦略を提案する。

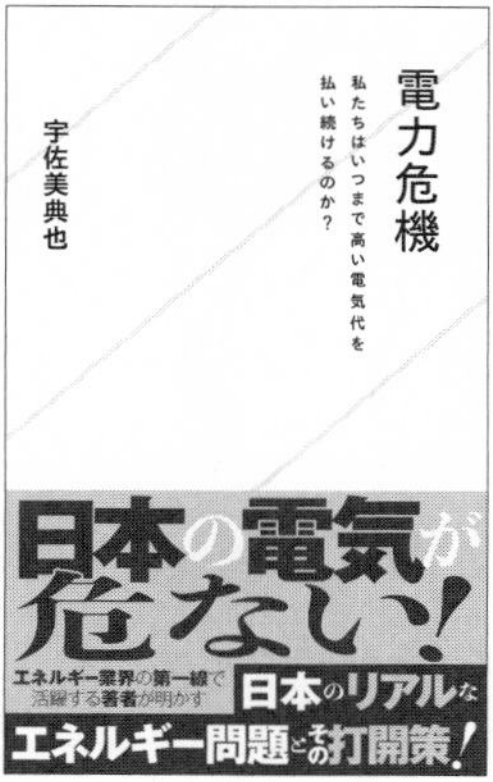

252

核兵器入門

多田将

核兵器の動作原理から開発史、核抑止の政治学まで網羅した核兵器入門の決定版

核兵器、それは人類史上最強の破壊力を持つ兵器です。核戦争の危機が再び迫る現代、実際に核兵器が爆発する物理的メカニズムや核開発の歴史、さらに安全保障における核抑止の最新の議論について学ぶことが、核の悲劇を繰り返さないために必要ではないでしょうか。本書では物理学者である著者が「もし東京に核兵器が落ちたらどんな被害が出るのか」などのシミュレーションをはじめ、核兵器をめぐる物理的・軍事的・歴史的側面を広く解説し、最終章では政治学者の小泉悠氏、村野将氏と核兵器をめぐる最新の国際情勢について議論しました。本書が核兵器について考える一助になれば幸いです。

次世代による次世代のための

武器としての教養
星海社新書

星海社新書は、困難な時代にあっても前向きに自分の人生を切り開いていこうとする次世代の人間に向けて、ここに創刊いたします。本の力を思いきり信じて、**みなさんと一緒に新しい時代の新しい価値観を創っていきたい。若い力で、世界を変えていきたいのです。**

本には、その力があります。読者であるあなたが、そこから何かを読み取り、それを自らの血肉にすることができれば、一冊の本の存在によって、あなたの人生は一瞬にして変わってしまうでしょう。**思考が変われば行動が変わり、行動が変われば生き方が変わります。**著者をはじめ、本作りに関わる多くの人の想いがそのまま形となった、文化的遺伝子としての本には、大げさではなく、それだけの力が宿っていると思うのです。

沈下していく地盤の上で、他のみんなと一緒に身動きが取れないまま、大きな穴へと落ちていくのか？　それとも、重力に逆らって立ち上がり、前を向いて最前線で戦っていくことを選ぶのか？

星海社新書の目的は、**戦うことを選んだ次世代の仲間たちに「武器としての教養」をくばることです。**知的好奇心を満たすだけでなく、自らの力で未来を切り開いていくための〝武器〟としても使える知のかたちを、シリーズとしてまとめていきたいと思います。

2011年9月

星海社新書初代編集長　柿内芳文

SEIKAISHA
SHINSHO